# Sartorius Ergänzungsband

## Anweisung zum Einordnen der 56. Ergänzungslieferung November 2021

(Anschluss an die 55. Ergänzungslieferung August 2021)

Die Angaben beziehen sich auf die Ordnungsnummern (fette Zahlen) und die dazugehörigen Seitenzahlen (magere Zahlen)

| Herauszunehmen: | | Zahl der Blätter: | Einzufügen: | | Zahl der Blätter: |
|---|---|---|---|---|---|
| Haupttitelblatt und Geleitwort zur 55. EL | | 2 | Haupttitelblatt und Geleitwort zur 56. EL | | 2 |
| **Inh I** | 3–**Inh II** 2 | 5 | **Inh I** | 3–**Inh II** 2 | 4 |
| **Abk** | 3/4 | 1 | **Abk** | 3/4 | 1 |
| **272** | 1–8 | 4 | **272** | 1–8 | 4 |
| | 19/20 | 1 | | 19/20 | 1 |
| | 127–136 | 5 | | 127–136a | 6 |
| | 223/224 | 1 | | 223–226 | 2 |
| **285** | 1/2 | 1 | **285** | 1/2 | 1 |
| | 53–61a | 5 | | 53–61 | 2 |
| | 67–74 | 4 | | 67–74a | 5 |
| | 97–100 | 2 | | 97–100 | 2 |
| **296/1** | 1/2 | 1 | **296/1** | 1/2 | 1 |
| | 11–14 | 2 | | 11–14a | 3 |
| **296/18** | 1–14 | 7 | **296/18** | 1–12 | 6 |
| **299** | 1–4 | 2 | **299** | 1–4 | 2 |
| | 29–32 | 2 | | 29–32a | 3 |
| **310** | 1–22 | 11 | **310** | 1–58 | 29 |
| **402** | 1–8 | 5 | **402** | 1–8a | 5 |
| | 21–26 | 4 | | 21–26a | 4 |
| **410** | 1/2 | 1 | **410** | 1–2a | 2 |
| | 42–44 | 2 | | 42–44a | 2 |
| **412** | 1–8 | 4 | **412** | 1–8 | 4 |
| | 29–32 | 2 | | 29–32a | 3 |
| | 37/38 | 1 | | 37/38 | 1 |
| | 79/79a | 1 | | 79/79a | 1 |
| | 105/106 | 1 | | 105/106 | 1 |
| **415** | 1–4a | 3 | **415** | 1–4a | 3 |
| | 23–26 | 2 | | 23–26a | 3 |
| | 48/49 | 1 | | 48/49 | 1 |
| Übertrag: | | 83 | Übertrag: | | 104 |

| Herauszunehmen: | | Zahl der Blätter: | Einzufügen: | | Zahl der Blätter: |
|---|---|---|---|---|---|
| Übertrag: | | 83 | Übertrag: | | 104 |
| **569** | 1/2 | 1 | **569** | 1/2 | 1 |
| | 15–16a | 2 | | 15–16a | 2 |
| | 39/40 | 1 | | 39/40 | 1 |
| **698** | 1–8 | 4 | **698** | 1–8 | 4 |
| **751** | 1–4a | 3 | **751** | 1–4a | 3 |
| **830e** | 1–12 | 6 | **830e** | 1–12 | 6 |
| **834** | 1–32 | 16 | **834** | 1–32a | 17 |
| | 37–48 | 6 | | 37–48 | 6 |
| | 57–66 | 5 | | 57–66 | 5 |
| **855** | 1/2 | 1 | **855** | 1/2 | 1 |
| | 9–12 | 2 | | 9–12 | 2 |
| **856** | 1–50 | 25 | **856** | 1–50 | 25 |
| | 57–77a | 15 | | 57–77a | 15 |
| | 87–88a | 2 | | 87–88a | 2 |
| | 105–178 | 37 | | 105–178a | 39 |
| | 185–204 | 10 | | 185–204a | 11 |
| | 230–249a | 11 | | 230–249a | 11 |
| | 256–259 | 2 | | 256–259 | 2 |
| | 266/267 | 1 | | 266–269 | 2 |
| **862** | 1–**862a** 2 | 46 | **862** | 1–**862a** 2 | 44 |
| **867** | 1/2 | 1 | **867** | 1/2 | 1 |
| | 15–18 | 2 | | 15–18 | 2 |
| **901** | 1–**910** 6 | 10 | **901** | 1–**910** 6 | 8 |
| **920** | 1–154 | 98 | **920** | 1–196 | 98 |
| *Ersatzlos zu entnehmen:* | | | | | |
| **920b** | 1–8 | 4 | | | |
| **922** | 1–30 | 16 | **922** | 1–16 | 8 |
| **975** | 1–4 | 2 | **975** | 1–4 | 2 |
| | 13/14 | 1 | | 13/14 | 1 |
| | 28–32 | 3 | | 28–32a | 3 |
| | 36–46a | 8 | | 36–46a | 9 |
| | 56–59 | 2 | | 56–59a | 3 |
| | 68–73 | 3 | | 68–77 | 5 |
| Insgesamt herauszunehmen: | | 429 | Insgesamt einzufügen: | | 443 |

# SARTORIUS

## Verfassungs- und Verwaltungsgesetze

**Ergänzungsband**

Stand:

1. November 2021

(56. Ergänzungslieferung)

C.H.BECK

Dieses Titelblatt stammt aus der 56. Ergänzungslieferung November 2021
(Anschluss an die 55. Ergänzungslieferung August 2021)
ISBN 978 3 406 76376 2

**Redaktioneller Hinweis:**

Paragraphenüberschriften in eckigen Klammern sind nichtamtlich.
Sie sind ebenso wie alle übrigen nichtamtlichen Bestandteile urheber- und wettbewerbsrechtlich geschützt.
Die Angaben zum Stand der Sammlung auf dem Titelblatt beziehen sich auf das Ausgabedatum der maßgeblichen Gesetz-, Verordnungs- und Amtsblätter. Anregungen und Hinweise zur Gestaltung der Sammlung bitte an den Verlag oder an

**sartorius.redaktion@beck.de**

**www.beck.de**

ISBN 978 3 406 51431 9 (Grundwerk zur Fortsetzung für 12 Monate)
ISBN 978 3 406 63601 1 (Grundwerk ohne Fortsetzung)


Wilhelmstraße 9, 80801 München
Satz, Druck und Bindung: Druckerei C. H. Beck Nördlingen
(Adresse wie Verlag)

$CO_2$ neutral
chbeck.de/nachhaltig

Gedruckt auf säurefreiem, alterungsbeständigem Papier
(hergestellt aus chlorfrei gebleichtem Zellstoff)

**298b.** Verordnung über die Überlassung, Rücknahme und umweltverträgliche Entsorgung von Altfahrzeugen (Altfahrzeug-Verordnung – AltfahrzeugV) idF der Bek. vom 21. Juni 2002

**298e.** Verordnung über die Bewirtschaftung von gewerblichen Siedlungsabfällen und von bestimmten Bau- und Abbruchabfällen (Gewerbeabfallverordnung – GewAbfV) vom 18. April 2017

**298g.** Verordnung zur Umsetzung der Richtlinie 2006/21/EG des Europäischen Parlaments und des Rates vom 15. März 2006 über die Bewirtschaftung von Abfällen aus der mineralgewinnenden Industrie und zur Änderung der Richtlinie 2004/35/EG (Gewinnungsabfallverordnung – GewinnungsAbfV) vom 27. April 2009

**298h.** Verordnung über Deponien und Langzeitlager (Deponieverordnung – DepV) vom 27. April 2009

**299.** Gesetz über das Inverkehrbringen, die Rücknahme und die hochwertige Verwertung von Verpackungen **(Verpackungsgesetz – VerpackG)** vom 5. Juli 2017

**299a.** Verordnung zur Bestimmung von Zuständigkeiten nach dem Verpackungsgesetz vom 26. April 2018

## Bau- und Wohnungswesen, Raumordnung

**310.** Verordnung über die Grundsätze für die Ermittlung der Verkehrswerte von Immobilien und der für die Wertermittlung erforderlichen Daten (Immobilienwertermittlungsverordnung - ImmoWertV) vom 14. Juli 2021

**312.** Verordnung über die Ausarbeitung der Bauleitpläne und die Darstellung des Planinhahlts (Planzeichenverordnung – PlanZV) vom 18. Dezember 1990

**350.** **Bundeskleingartengesetz (BKleingG)** vom 28. Februar 1983

**353.** Verordnung über die Ermittlung der zulässigen Miete für preisgebundene Wohnungen (Neubaumietenverordnung 1970 – NMV 1970) idF der Bek. vom 12. Oktober1990

**357.** Verordnung über wohnungswirtschaftliche Berechnungen (Zweite Berechnungsverordnung – II.BV) idF der Bek. vom 12. Oktober 1990

**358.** Verordnung zur Berechnung der Wohnfläche (Wohnflächenverordnung – WoFlV) vom 25. November 2003

**359.** Verordnung über die Aufstellung von Betriebskosten – BetrKV) vom 25. November 2003

## Sozialhilfe, sozialrechtliches Verfahren

**401.** **Sozialgesetzbuch (SGB) Erstes Buch (I) – Allgemeiner Teil –** vom 11. Dezember 1975

**402.** **Sozialgesetzbuch (SGB) Zweites Buch (II) – Grundsicherung für Arbeitsuchende –** idF der Bek. vom 13. Mai 2011

**402a.** Verordnung zur Berechnung von Einkommen sowie zur Nichtberücksichtigungvon Einkommen und Vermögen beim Arbeitslosengeld II/Sozialgeld (Arbeitslosengeld II/Sozialgeld-Verodnung – AlgII-V)vom 17. Dezember 2007

**410.** **Zehntes Buch Sozialgesetzbuch – Sozialverwaltungsverfahren und Sozaialdatenschutz – (SGB X)** idF der Bek. vom 18. Januar 2001

**412.** **Sozialgesetzbuch (SGB) Zwölftes Buch (XII) – Sozialhilfe –** vom 27. Dezember 2003

**412a.** Gesetz zur Ermittlung der Regelbedarfe nach § 28 des Zwölften Buches Sozialgesetzbuch **(Regelbedarfs-Ermittlungsgesetz – RBEG)** vom 9. Dezember 2020

**412c.** Verordnung zur Durchführung des § 90 Abs. 2 Nr. 9 des Zwölften Buches Sozialgesetzbuch vom 11. Februar 1988

**415.** **Sozialgerichtsgesetz (SGG)** idF der Bek. vom 23. September 1975

**418.** **Asylbewerberleistungsgesetz (AsylbLG)** idF der Bek. vom 5. August 1997

## Heimrecht

**419.** **Heimgesetz** idF der Bek. vom 5. November 2001

**419a.** Verordnung über bauliche Mindestanforderungen für Altenheime, Altenwohnheime und Pflegeheime für Volljährige (Heimmindestbauverordnung – HeimMindBauV) idF der Bek. vom 3. Mai 1983

**419b.** Verordnung über personelle Anforderungen für Heime (Heimpersonalverordnung – HeimPersV) vom 19. Juli 1993

## Ausbildungsförderung, Berufsbildung

**420a.** Verordnung über die Einziehung der nach dem Bundesausbildungsförderungsgesetz geleisteten Darlehen (DarlehensV) idF der Bek. vom 28. Oktober 1983

**420b.** Verordnung über den leistungsabhängigen Teilerlaß von Ausbildungsförderungsdarlehen (BAföG-TeilerlaßV) vom 14. Dezember 1983

**422.** **Berufsbildungsgesetz (BBiG)** idF der Bek. v. 4.5.2020

## Ausländer- und Asylrecht


**566a.** Verordnung über die Beschäftigung von Ausländerinnen und Ausländern (Beschäftigungsverordnung – BeschV) vom 6. Juni 2013

**567a.** Verordnung zur Neufassung der Asylzuständigkeitsbestimmungsverordnung (AsylZBV) vom 2. April 2008

**569.** **Gesetz über das Ausländerzentralregister (AZR-Gesetz)** vom 2.September 1994


## Finanzwesen


**698.** Gesetz über die Finanzverwaltung **(Finanzverwaltungsgesetz – FVG)** idF der Bek. vom 4. April 2006

**750.** Gesetz über verfassungskonkretisierende allgemeine Maßstäbe für die Verteilung des Umsatzsteueraufkommens, für den Finanzausgleich unter den Ländern sowie für die Gewährung von Bundesergänzungszuweisungen **(Maßstäbegesetz – MaßstG)** vom 9. September 2001

**751.** Gesetz über den Finanzausgleich zwischen Bund und Ländern **(Finanzausgleichsgesetz – FAG)** vom 20. Dezember 2001


## Arbeitsschutz- und Technikrecht


**801.** Gesetz über die Durchführung von Maßnahmen des Arbeitsschutzes zur Verbesserung der Sicherheit und des Gesundheitsschutzes der Beschäftigten bei der Arbeit **(Arbeitsschutzgesetz – ArbSchG)** vom 7. August 1996

**801a.** Verordnung über Arbeitsstätten (Arbeitsstättenverordnung – ArbStättV) vom 12. August 2004

**801b.** Verordnung über Sicherheit und Gesundheitsschutz auf Baustellen (Baustellenverordnung – BaustellV) vom 10. Juni 1998

**801c.** Verordnung über Sicherheit und Gesundheitsschutz bei der Verwendung von Arbeitsmitteln (Betriebssicherheitsverordnung – BetrSichV) vom 3. Februar 2015

**801d.** Verordnung zum Schutz der Beschäftigten vor Gefährdung durch künstliche optische Strahlung (Arbeitsschutzverordnung zu künstlicher optischer Strahlung – OStrV) vom 19. Juli 2010

**802.** **Gesetz über Betriebsärzte, Sicherheitsingenieure und andere Fachkräfte für Arbeitssicherheit** vom 12. Dezember 1973

**803.** Gesetz über die Bereitstellung von Produkten auf dem Markt **(Produktsicherheitsgesetz – ProdSG)** vom 27. Juli 2021

**803a.** Neunte Verordnung zum Produktsicherheitsgesetz (Maschinenverordnung – 9. ProdSV) vom 12. Mai 1993

**821.** Gesetz über die Prüfung und Zulassung von Feuerwaffen, Böllern, Geräten, bei denen zum Antrieb Munition verwendet wird, sowie von Munition und sonstigen Waffen **(Beschussgesetz – BeschG)** vom 11. Oktober 2002

**822.** Gesetz über explosionsgefährliche Stoffe **(Sprengstoffgesetz – SprengG)** idF der Bek. vom 10. September 2002

**825.** Gesetz über das Inverkehrbringen und die Bereitstellung von Messgeräten auf dem Markt, ihre Verwendung und Eichung sowie über Fertigpackungen **(Mess- und Eichgesetz – MessEG)** vom 25. Juli 2013

**825a.** Verordnung über Fertigpackungen (Fertigpackungsverordnung) idF der Bek. vom 18. November 2020

## Energierecht

**830b.** Verordnung über Allgemeine Bedingungen für den Netzanschluss und dessen Nutzung für die Elektrizitätsversorgung in Niederspannung (Niederspannungsanschlussverordnung – NAV) vom 1. November 2006

**830c.** Verordnung über Allgemeine Bedingungen für den Netzanschluss und dessen Nutzung für die Gasversorgung in Niederdruck (Niederdruckanschlussverordnung – NDAV) vom 1. November 2006

**830d.** Verordnung über Allgemeine Bedingungen für die Versorgung mit Wasser (ABVWasserV) vom 20. Juni 1980

**830e.** Verordnung über Allgemeine Bedingungen für die Versorgung mit Fernwärme (AVBFernwärmeV) vom 20. Juni 1980

**831.** Gesetz zur Kennzeichnung von energierelevanten Produkten, Kraftfahrzeugen und Reifen mit Angaben über den Verbrauch an Energie und an anderen wichtigen Resourcen **(Energieverbrauchskennzeichnungsgesetz – EnVKG)** vom 10. Mai 2012

**831a.** Verordnung zur Kennzeichnung von energieverbrauchsrelevanten Produkten mit Angaben über den Verbrauch an Energie und an anderen wichtigen Ressourcen (Energieverbrauchskennzeichnungsverordnung – EnVKV) vom 30. Oktober 1997

**832.** Gesetz zur Einsparung von Energie und zur Nutzung erneuerbarer Energien zur Wärme- und Kälteerzeugung in Gebäuden **(Gebäudeenergiegesetz - GEG)** vom 8. August 2020

**832b.** Verordnung über die verbrauchsabhängige Abrechnung der Heiz- und Warmwasserkosten (Verordnung über Heizkostenabrechnung – HeizkostenV) idF der Bek. vom 5. Oktober2009

**833.** Gesetz für den Ausbau erneuerbarer Energien **(Eneuerbare-Energien-Gesetz – EEG 2017)** vom 21. Juli 2014

**834.** Gesetz für die Erhaltung, die Modernisierung und den Ausbau der Kraft-Wärme-Kopplung **(Kraft-Wärme-Kopplungsgesetz – KWKG)** vom 21. Dezember 2015

**837.** Gesetz über die umweltgerechte Gestaltung energieverbrauchsrelevanter Produkte **(Energieverbrauchsrelevante-Produkte-Gesetz – EVPG)** vom 27. Februar 2008

### Wasserwirtschaftsrecht

**845a.** Verordnung über Anforderungen an das Einleiten von Abwasser in Gewässer (Abwasserverordnung – AbwV) idF der Bek. vom 17. Juni 2004

**845b.** Verordnung zum Schutz des Grundwassers (Grundwasserverordnung – GrwV) vom 9. November 2010

**846.** Gesetz über Abgaben für das Einleiten von Abwasser in Gewässer **(Abwasserabgabengesetz – AbwAG)** idF der Bek. vom 18. Januar 2005

### Geld- und Kreditwesen

**855.** **Gesetz über die Deutsche Bundesbank** idF der Bek. vom 22. Oktober 1992

**856.** Gesetz über das Kreditwesen **(Kreditwesengesetz – KWG)** idF der Bek. vom 9. September 1998

**857.** Gesetz über Bausparkassen**(Bausparkassengesetz – BauSparkG)** idF der Bek. vom 15. Februar 1991

### Lebensmittel, Bedarfsgegenstände und Futtermittel

**860.** Verordnung (EG) Nr. 178/2002 des Europäischen Parlaments und des Rates vom 28. Januar 2002 zur Festlegung der allgemeinen Grundsätze und Anforderungen des Lebensmittelrechts, zur Errichtung der Europäischen Behörde für Lebensmittelsicherheit und zur Festlegeung von Verfahren zur Lebensmittelsicherheit vom 28. Januar 2002

**861.** Gesetz über Tabakerzeugnisse und verwandte Erzeugnisse **(Tabakerzeugnisgesetz – TabakerzG)** vom 4. April 2016

**861a.** Verordnung zur Durchführung unionsrechtlicher Vorschriften betreffend die Information der Verbraucher über Lebensmittel (Lebensmittelinformations-Durchführungsverordnung – LMIDV) vom 5. Juli 2017

**861b.** Verordnung über die Anforderungen an die Hygiene beim Herstellen, Behandeln und Inverkehrbringen von Lebensmitteln (Lebensmittelhygiene-Verornung – LMHV) idF der Bek. vom 21. Juni 2016

**861c.** Verordnung über die fachlichen Anforderungen gemäß § 42 Abs. 1 Satz 2 Nr. 3 Buchstabe b des Lebensmittel- und Futtermittelgesetzbuches an die in der Überwachung tätigen Lebensmittelkontrolleure (Lebensmittelkontrolleur-Verordnung – LKonV) vom 17. August 2001

**862.** **Lebensmittel- und Futtermittelgesetzbuch – LFGB** idF der Bek. vom 15. September 2021

**862a.** Gesetz zur Verbesserung der gesundheitsbezogenen Verbraucherinformation **(Verbraucherinformationsgesetz – VIG)** idF vom 1. September 2012

### Land-, Forst- und Ernährungswirtschaft

**867.** Gesetz zur Durchführung der Gemeinsamen Marktorganisation und der Direktzahlungen **(Marktorganisationsgesetz – MOG)** idF der Bek. vom 7. November 2017

**868.** Gesetz zur Durchführung der Rechtsakte der Europäischen Gemeinschaft oder der Europäischen Union über gemeinschaftliche Informations- und Absatzförderungsmaßnahmen für Agrarerzeugnisse **(Agrarabsatzförderungsdurchführungsgesetz – AgrarAbsFDG)** vom 19. Juli 2002

### Post und Telekommunikation

**901.** **Gesetz über die Bundesnetzagentur für Elektrizität, Gas, Telekommunikation, Post und Eisenbahnen** vom 7. Juli 2005

**905.** Gesetz zur Sicherstellung von Postdienstleistungen in besonderen Fällen **(Postsicherstellungsgesetz - PSG)** vom 24. März 2011

**910.** **Postgesetz (PostG)** vom 22. Dezember 1997

**910a.** Post-Universaldienstleistungsverordnung (PUDLV) vom 15. Dezember 1999

**920.** **Telekommunikationsgesetz (TKG)** vom 23. Juni 2021

**922.** **Telemediengesetz (TMG)** vom 26. Februar 2007

**924.** **Vertrauensdienstegesetz (VDG)** vom 18. Juli 2017

### Luftverkehr, Fluglärm

**975.** **Luftverkehrsgesetz (LuftVG)** idF der Bek. vom 10. Mai 2007

**976.** **Luftsicherheitsgesetz (LuftSiG)** vom 11. Januar 2005

**980.** **Gesetz zum Schutz gegen Fluglärm** idF der Bek. vom 31. Oktober 2007

### Europarecht

**1006.** Verfahrensordnung des Gerichtshofs vom 25. September 2012

# Abkürzungen

| | |
|---|---|
| Buchst. | Buchstabe |
| BVerfG | Bundesverfassungsgericht |
| DarlehensV | VO über die Einziehung der nach dem BundesausbildungsförderungsG geleisteten Darlehen (Nr. **420a**) |
| DDR | Deutsche Demokratische Republik |
| DepV | DeponieVO (Nr. **298h**) |
| DG | Durchführungsgesetz |
| DV/DVO | Durchführungsverordnung |
| EVPG | Energieverbrauchsrelevante-ProdukteG837 (Nr. ) |
| EEG 2021 | Erneuerbare-Energien-G (Nr. **833**) |
| EGV | EG-Vertrag |
| eingef. | eingefügt |
| einl. | einleitend |
| EMASPrivilegV | VO über immissionsschutz- und abfallrechtliche Überwachungserleichterungen für nach der VO (EG) Nr. 761/2001 registrierte Standorte und Organisationen (Nr. **297**) |
| EnVKG | EnergieverbrauchskennzeichnungsG (Nr. **831**) |
| ErgBd. | Ergänzungsband (zu Sartorius bzw. Schönfelder) |
| Erl. | Erlass |
| EuGH VfO | Verfahrensordnung des Gerichtshofs (Nr. **1006**) |
| EVertr. | Einigungsvertrag |
| EVPG | Energieverbrauchsrelevante-Produkte-G (Nr. **837**) |
| FAG | FinanzausgleichsG (Nr. **751**) |
| FPackV | FertigpackungsVO (Nr. **825a**) |
| FVG | FinanzverwaltungsG (Nr. **698**) |
| G/Ges | Gesetz(e) |
| geänd. | geändert |
| GEG | GebäudeenergieG (Nr. **832**) |
| gestr. | gestrichen |
| GewAbfV | GewerbeabfallVO (Nr. **298e**) |
| GewinnungsabfV | GewinnungsabfallVO (Nr. **298g**) |
| GMBl. | Gemeinsames Ministerialblatt |
| GVBl. | Gesetz- und Verordnungsblatt |
| GrwV | Grundwasserverordnung (Nr. **845b**) |
| HeimMindBauV | HeimmindestbauVO (Nr. **419a**) |
| HeimPersV | HeimpersonalVO (Nr. **419b**) |
| HeizkostenV | VO über Heizkostenabrechnung (Nr. **832b**) |
| HWG | HeilmittelwerbeG (Nr. **277**) |
| idF | in der Fassung |
| IfSG | InfektionsschutzG (Nr. **285**) |
| ImmoWertV | ImmobilienwertermittlungsV (Nr. **310**) |

## Abkürzungen

| | |
|---|---|
| IT-ArGV | IT-arbeitsgenehmigungen-VO (Nr. **566c**) |
| iVm | in Verbindung mit |
| KWG | KreditwesenG (Nr. **856**) |
| KWKG | Kraft-Wärme-KopplungsG (Nr. **834**) |
| LFGB | Lebensmittel- und Futtermittelgesetzbuch (Nr. **862**) |
| LKonV | Lebensmittelkontrolleur-VO (Nr. **861c**) |
| LMHV | Lebensmittelhygiene-VO (Nr. **861b**) |
| LMKV | Lebensmittel-KennzeichnungsVO (Nr. **861a**) |
| LuftSiG | LuftsicherheitsG (Nr. **976**) |
| LuftVG | LuftverkehrsG (Nr. **975**) |
| MaßstG | MaßstäbeG (Nr. **750**) |
| MOG | G zur Durchführung der gemeinsamen Marktorganisationen und der Direktszahlungen (Nr. **867**) |
| mWv | mit Wirkung vom |
| NAV | NiederspannungsanschlussVO (Nr. **830b**) |
| NDAV | NiederdruckanschlussVO (Nr. **830c**) |
| neu gef. | neu gefasst |
| NMV 1970 | NeubaumietenVO 1970 (Nr. **353**) |
| Nr(n) | Nummer(n) |
| O | Ordnung |
| PlanZV | PlanzeichenVO (Nr. **312**) |
| ProdSG | ProduktsicherheitsG (Nr. **803**) |
| ProdSV | MaschinenVO (Nr. **803a**) |
| PSG | PostsicherstellungsG (Nr. **905**) |
| PUDL | Post-UniversaldienstleistungsVO (Nr. **910a**) |
| RBEG | Regelbedarfs-ErmittlungsG (Nr. **412a**) |
| rechtl. | rechtlich |
| RL(n) | Richtlinie(n) |
| S. | Seite |

*(Fortsetzung nächstes Blatt)*

# 272. Gesetz über den Verkehr mit Arzneimitteln (Arzneimittelgesetz – AMG)[1) 2) 3) 4) 5)]

In der Fassung der Bekanntmachung vom 12. Dezember 2005[6)]
(BGBl. I S. 3394)

**FNA 2121-51-1-2**

geänd. durch Art. 1 Zwölftes ÄndG v. 30.7.2004 (BGBl. I S. 2031), Art. 12 G über die Bereinigung von Bundesrecht im Zuständigkeitsbereich des BMAS und des BMG v. 14.8.2006 (BGBl. I S. 1869), Art. 5 zur Neuordnung des Tierzuchtrechts sowie zur Änd. des TierseuchenG, des TierschutzG und des ArzneimittelG v. 21.12.2006 (BGBl. I S. 3294), Art. 2 G über die Durchsetzung der Verbraucherschutzgesetze bei innergemeinschaftlichen Verstößen v. 21.12.2006 (BGBl. I S. 3367), Art. 30 GKV-WettbewerbsstärkungsG v. 26.3.2007 (BGBl. I S. 378), Art. 2 G zur Änd. medizinprodukterechtlicher und anderer Vorschriften v. 14.6.2007 (BGBl. I S. 1066), Art. 2 GewebeG v. 20.7.2007 (BGBl. I S. 1574), Art. 2 G zur Verbesserung der Bekämpfung des Dopings im Sport v. 24.10.2007 (BGBl. I S. 2510), Art. 9 Abs. 1 Versicherungsvertrags-ReformG v. 23.11.2007 (BGBl. I S. 2631), Art. 2 G zur diamorphingestützten Substitutionsbehandlung v. 15.7.2009 (BGBl. I S. 1801), Art. 1 G zur Änd. arzneimittelrechtlicher und anderer Vorschriften v. 17.7.2009 (BGBl. I S. 1990, ber. S. 3578), Art. 1 VO zur Bestimmung von Dopingmitteln und Festlegung der nicht geringen Mengen v. 28.9.2009 (BGBl. I S. 3172), Art. 1 VO zur Bestimmung von Dopingmitteln und zur Festlegung der nicht geringen Menge v. 29.11.2010 (BGBl. I S. 1752), Art. 7 ArzneimittelmarktneuordnungsG v. 22.12.

---

1) **Amtl. Anm.:** Dieses Gesetz dient der Umsetzung
- der Richtlinie 2001/83/EG des Europäischen Parlaments und des Rates vom 6. November 2001 zur Schaffung eines Gemeinschaftskodexes für Humanarzneimittel (ABl. EG Nr. L 311 S. 67),
- der Richtlinie 2001/82/EG des Europäischen Parlaments und des Rates vom 6. November 2001 zur Schaffung eines Gemeinschaftskodexes für Tierarzneimittel (ABl. EG Nr. L 311 S. 1),
- der Richtlinie 2001/20/EG des Europäischen Parlaments und des Rates vom 4. April 2001 zur Angleichung der Rechts- und Verwaltungsvorschriften der Mitgliedstaaten über die Anwendung der guten klinischen Praxis bei der Durchführung von klinischen Prüfungen mit Humanarzneimitteln (ABl. EG Nr. L 121 S. 34),
- der Richtlinie 2002/98/EG des Europäischen Parlaments und des Rates vom 27. Januar 2003 zur Festlegung von Qualitäts- und Sicherheitsstandards für die Gewinnung, Testung, Verarbeitung, Lagerung und Verteilung von menschlichem Blut und Blutbestandteilen und zur Änderung der Richtlinie 2001/83/EG (ABl. EU Nr. L 33 S. 30),
- der Richtlinie 2004/23/EG des Europäischen Parlaments und des Rates vom 31. März 2004 zur Festlegung von Qualitäts- und Sicherheitsstandards für die Spende, Beschaffung, Testung, Verarbeitung, Konservierung, Lagerung und Verteilung von menschlichen Geweben und Zellen (ABl. EU Nr. L 102 S. 48),
- der Richtlinie 2004/24/EG des Europäischen Parlaments und des Rates vom 31. März 2004 zur Änderung der Richtlinie 2001/83/EG zur Schaffung eines Gemeinschaftskodexes für Humanarzneimittel hinsichtlich traditioneller pflanzlicher Arzneimittel (ABl. EU Nr. L 136 S. 85),
- der Richtlinie 2004/27/EG des Europäischen Parlaments und des Rates vom 31. März 2004 zur Änderung der Richtlinie 2001/83/EG zur Schaffung eines Gemeinschaftskodexes für Humanarzneimittel (ABl. EU Nr. L 136 S. 34) und
- der Richtlinie 2004/28/EG des Europäischen Parlaments und des Rates vom 31. März 2004 zur Änderung der Richtlinie 2001/82/EG zur Schaffung eines Gemeinschaftskodexes für Tierarzneimittel (ABl. EU Nr. L 136 S. 58).

2) Die Änderungen durch G v. 20.12.2016 (BGBl. I S. 3048, geänd. durch G v. 9.8.2019, BGBl. I S. 1202, durch G v. 20.11.2019, BGBl. I S. 1626, und durch G v. 27.9.2021, BGBl. I S. 4530) treten teilweise erst **mWv 27.1.2022** in Kraft und sind insoweit im Text noch nicht berücksichtigt.

3) Die Änderungen durch G v. 12.5.2021 (BGBl. I S. 1087) treten teilweise erst **mWv 26.5.2022** in Kraft und sind insoweit im Text noch nicht berücksichtigt.

4) Die Änderungen durch G v. 10.8.2021 (BGBl. I S. 3436) treten erst **mWv 1.1.2024** in Kraft und sind im Text noch nicht berücksichtigt.

5) Die Änderungen durch G v. 27.9.2021 (BGBl. I S. 4530) treten teilweise erst **mWv 27.1.2022** bzw. **mWv 28.1.2022** in Kraft und sind im Text noch nicht berücksichtigt.

6) Neubekanntmachung des AMG idF der Bek. v. 11.12.1998 (BGBl. I S. 3586) in der ab 1.12.2005 geltenden Fassung.

2010 (BGBl. I S. 2262), Art. 1 ÄndG v. 25.5.2011 (BGBl. I S. 946), Art. 1 Erste VO zur Änd. EU-rechtlicher Verweisungen im ArzneimittelG v. 19.7.2011 (BGBl. I S. 1398), Art. 13 GKV-VersorgungsstrukturG v. 22.12.2011 (BGBl. I S. 2983), Art. 1 Zweite VO zur Änd. EU-rechtlicher Verweisungen im ArzneimittelG v. 16.7.2012 (BGBl. I S. 1534), Art. 1, 2, 14 Zweites G zur Änd. arzneimittelrechtlicher und anderer Vorschriften v. 19.10.2012 (BGBl. I S. 2192, geänd. durch G v. 20.12.2016, BGBl. I S. 3048, iVm Bek. v. 30.1.2017, BGBl. I S. 154 und iVm Bek. v. 30.6.2017, BGBl. I S. 2304), Art. 4 G zur Durchführung der Internationalen Gesundheitsvorschriften (2005) und zur Änd. weiterer Gesetze v. 21.3.2013 (BGBl. I S. 566), Art. 1 Dritte VO zur Änd. EU-rechtlicher Verweisungen im ArzneimittelG v. 25.3.2013 (BGBl. I S. 627), Art. 5 Abs. 1 G zur Umsetzung des Seearbeitsübereinkommens 2006 der Internationalen Arbeitsorganisation v. 20.4.2013 (BGBl. I S. 868), Art. 1 Zweite VO zur Bestimmung von Dopingmitteln und zur Festlegung der nicht geringen Menge v. 24.6.2013 (BGBl. I S. 1687), Art. 2 ApothekennotdienstsicherstellungsG v. 15.7.2013 (BGBl. I S. 2420), Art. 1 Vierte VO zur Änd. EU-rechtlicher Verweisungen im ArzneimittelG v. 12.7.2013 (BGBl. I S. 2439), Art. 2 G zur Durchführung der VO (EU) Nr. 528/2012 v. 23.7.2013 (BGBl. I S. 2565), Art. 1 Drittes G zur Änd. arzneimittelrechtlicher und anderer Vorschriften v. 7.8. 2013 (BGBl. I S. 3108), Art. 2 Abs. 24, Art. 4 Abs. 11 G zur Strukturreform des Gebührenrechts des Bundes v. 7.8.2013 (BGBl. I S. 3154, Art. 4 Abs. 11 dieses G aufgeh. durch Art. 2 G v. 18.7.2016, BGBl. I S. 1666), Art. 1 Sechzehntes ÄndG v. 10.10.2013 (BGBl. I S. 3813, ber. 2014 S. 272), Art. 2a 14. SGB V-ÄnderungsG v. 27.3.2014 (BGBl. I S. 261), Art. 3 Erstes PflegestärkungsG v. 17.12.2014 (BGBl. I S. 2222), Art. 52 Zehnte ZuständigkeitsanpassungsVO v. 31.8.2015 (BGBl. I S. 1474), Art. 1 Fünfte ÄndVO v. 2.9.2015 (BGBl. I S. 1571), Art. 2, 3 G zur Bekämpfung von Doping im Sport v. 10.12.2015 (BGBl. I S. 2210), Art. 3 G zur Umsetzung der RL über Tabakerzeugnisse und verwandte Erzeugnisse v. 4.4.2016 (BGBl. I S. 569), Art. 4 Abs. 11 G zur Aktualisierung der Strukturreform des Gebührenrechts des Bundes v. 18.7.2016 (BGBl. I S. 1666), Art. 1 G zur Umsetzung der RL (EU) 2015/566 und 2015/565 zur Einfuhr und zur Kodierung menschlicher Gewebe und Gewebezubereitungen v. 21.11.2016 (BGBl. I S. 2623), Art. 6b G zur Weiterentwicklung der Versorgung und der Vergütung für psychiatrische und psychosomatische Leistungen v. 19.12. 2016 (BGBl. I S. 2986), Art. 1, 2 Viertes G zur Änd. arzneimittelrechtlicher und anderer Vorschriften v. 20.12.2016 (BGBl. I S. 3048, geänd. durch G v. 9.8.2019, BGBl. I S. 1202, durch G v. 20.11.2019, BGBl. I S. 1626, und durch G v. 27.9.2021, BGBl. I S. 4530), Art. 1 Sechste VO zur Änd. EU-rechtlicher Verweisungen im ArzneimittelG v. 10.3.2017 (BGBl. I S. 456), Art. 45 G zum Abbau verzichtbarer Anordnungen der Schriftform im Verwaltungsrecht des Bundes v. 29.3.2017 (BGBl. I S. 626), Art. 6 Abs. 9 G zur Reform der strafrechtlichen Vermögensabschöpfung v. 13.4.2017 (BGBl. I S. 872), Art. 5 GKV-ArzneimittelversorgungsstärkungsG v. 4.5.2017 (BGBl. I S. 1050), Art. 2 G zur Einführung eines Anspruchs auf Hinterbliebenengeld v. 17.7.2017 (BGBl. I S. 2421), Art. 1 G zur Fortschreibung der Vorschriften für Blut- und Gewebezubereitungen und zur Änd. anderer Vorschriften v. 18.7.2017 (BGBl. I S. 2757), Art. 1 Siebte VO zur Änd. EU-rechtlicher Verweisungen im ArzneimittelG v. 17.4.2019 (BGBl. I S. 537), Art. 11 Terminservice- und VersorgungsG v. 6.5.2019 (BGBl. I S. 646), Art. 1, 2 G für mehr Sicherheit in der Arzneimittelversorgung v. 9.8.2019 (BGBl. I S. 1202, geänd. durch G v. 19.5.2020, BGBl. I S. 1018, und durch G v. 27.9.2021, BGBl. I S. 4530), Art. 18 Zweites Datenschutz-Anpassungs- und UmsetzungsG EU v. 20.11.2019 (BGBl. I S. 1626), Art. 3c MasernschutzG v. 10.2.2020 (BGBl. I S. 148), Art. 0 Fairer-Kassenwettbewerb-G v. 22.3.2020 (BGBl. I S. 604), Art. 7, 8, 16a Abs. 3 Medizinprodukte-EU-AnpassungsG v. 28.4.2020 (BGBl. I S. 960, geänd. durch G v. 19.5.2020, BGBl. I S. 1018, und durch G v. 12.5.2021, BGBl. I S. 1087), Art. 94 Elfte ZuständigkeitsanpassungsVO v. 19.6.2020 (BGBl. I S. 1328), Art. 2 Abs. 1 G zur Änd. des EG-VerbraucherschutzdurchsetzungsG sowie des G über die Errichtung des Bundesamts für Justiz v. 25.6.2020 (BGBl. I S. 1474), Art. 2b Drittes G zum Schutz der Bevölkerung bei einer epidemischen Lage von nationaler Tragweite v. 18.11.2020 (BGBl. I S. 2397), Art. 5 G zur Stärkung der Vor-Ort-Apotheken v. 9.12.2020 (BGBl. I S. 2870), Art. 7, 8 G zur Änd. des Medizinprodukterecht-DurchführungsG und weiterer Gesetze v. 12.5.2021 (BGBl. I S. 1087), Art. 1 Achte VO zur Änd. EU-rechtlicher Verweisungen im ArzneimittelG v. 19.5.2021 (BGBl. I S. 1164), Art. 9 Digitale-Versorgung-und-Pflege-Modernisierungs-G v. 3.6.2021 (BGBl. I S. 1309), Art. 10 Abs. 4 Viertes G zur Änd. des Lebensmittel- und Futtermittelgesetzbuches sowie anderer Vorschriften v. 27.7.2021 (BGBl. I S. 3274), Art. 10 PersonengesellschaftsrechtsmodernisierungsG (MoPeG) v. 10.8.2021 (BGBl. I S. 3436), Art. 1 17. ÄndG v. 10.8.2021 (BGBl. I S. 3519) und Art. 2, 3 G zum Erlass eines Tierarzneimittelgesetzes und zur Anpassung arzneimittelrechtlicher und anderer Vorschriften v. 27.9.2021 (BGBl. I S. 4530)

## Inhaltsübersicht[1)]

**Erster Abschnitt. Zweck des Gesetzes und Begriffsbestimmungen, Anwendungsbereich**

§ 1 Zweck des Gesetzes
§ 2 Arzneimittelbegriff
§ 3 Stoffbegriff
§ 4 Sonstige Begriffsbestimmungen
§ 4a Ausnahmen vom Anwendungsbereich
§ 4b Sondervorschriften für Arzneimittel für neuartige Therapien

**Zweiter Abschnitt. Anforderungen an die Arzneimittel**

§ 5 Verbot bedenklicher Arzneimittel
§ 6 Verbote zum Schutz der Gesundheit, Verordnungsermächtigungen
§ 6a *(aufgehoben)*
§ 7 Radioaktive und mit ionisierenden Strahlen behandelte Arzneimittel
§ 8 Verbote zum Schutz vor Täuschung
§ 9 Der Verantwortliche für das Inverkehrbringen
§ 10 Kennzeichnung
§ 11 Packungsbeilage
§ 11a Fachinformation
§ 12 Ermächtigung für die Kennzeichnung, die Packungsbeilage und die Packungsgrößen

**Dritter Abschnitt. Herstellung von Arzneimitteln**

§ 13 Herstellungserlaubnis
§ 14 Entscheidung über die Herstellungserlaubnis
§ 15 Sachkenntnis
§ 16 Begrenzung der Herstellungserlaubnis
§ 17 Fristen für die Erteilung
§ 18 Rücknahme, Widerruf, Ruhen
§ 19 Verantwortungsbereiche
§ 20 Anzeigepflichten
§ 20a Geltung für Wirkstoffe und andere Stoffe
§ 20b Erlaubnis für die Gewinnung von Gewebe und die Laboruntersuchungen
§ 20c Erlaubnis für die Be- oder Verarbeitung, Konservierung, Prüfung, Lagerung oder das Inverkehrbringen von Gewebe oder Gewebezubereitungen
§ 20d Ausnahme von der Erlaubnispflicht für Gewebe und Gewebezubereitungen

**Vierter Abschnitt. Zulassung der Arzneimittel**

§ 21 Zulassungspflicht
§ 21a Genehmigung von Gewebezubereitungen
§ 22 Zulassungsunterlagen
§ 23 Besondere Unterlagen bei Arzneimitteln für Tiere
§ 24 Sachverständigengutachten
§ 24a Verwendung von Unterlagen eines Vorantragstellers
§ 24b Zulassung eines Generikums, Unterlagenschutz
§ 24c Nachforderungen
§ 24d Allgemeine Verwertungsbefugnis
§ 25 Entscheidung über die Zulassung
§ 25a Vorprüfung
§ 25b Verfahren der gegenseitigen Anerkennung und dezentralisiertes Verfahren
§ 25c Maßnahmen der zuständigen Bundesoberbehörde zu Entscheidungen oder Beschlüssen der Europäischen Gemeinschaft oder der Europäischen Union
§ 26 Arzneimittelprüfrichtlinien
§ 27 Fristen für die Erteilung
§ 28 Auflagenbefugnis
§ 29 Anzeigepflicht, Neuzulassung
§ 30 Rücknahme, Widerruf, Ruhen
§ 31 Erlöschen, Verlängerung
§ 32 Staatliche Chargenprüfung
§ 33 [Aufwendungsersatz und Entgelte]
§ 34 Information der Öffentlichkeit

---

[1)] Inhaltsübersicht zuletzt geänd. geänd. mWv 1.11.2021 durch G v. 10.8.2021 (BGBl. I S. 3519).

§ 35 Ermächtigungen zur Zulassung und Freistellung
§ 36 Ermächtigung für Standardzulassungen
§ 37 Genehmigung der Europäischen Gemeinschaft oder der Europäischen Union für das Inverkehrbringen, Zulassungen von Arzneimitteln aus anderen Staaten

**Fünfter Abschnitt. Registrierung von Arzneimitteln**

§ 38 Registrierung homöopathischer Arzneimittel
§ 39 Entscheidung über die Registrierung homöopathischer Arzneimittel, Verfahrensvorschriften
§ 39a Registrierung traditioneller pflanzlicher Arzneimittel
§ 39b Registrierungsunterlagen für traditionelle pflanzliche Arzneimittel
§ 39c Entscheidung über die Registrierung traditioneller pflanzlicher Arzneimittel
§ 39d Sonstige Verfahrensvorschriften für traditionelle pflanzliche Arzneimittel

**Sechster Abschnitt. Schutz des Menschen bei der klinischen Prüfung**

§ 40 Allgemeine Voraussetzungen der klinischen Prüfung
§ 41 Besondere Voraussetzungen der klinischen Prüfung
§ 41a Registrierungsverfahren für Ethik-Kommissionen
§ 41b Verfahrensordnung und Geschäftsverteilungsplan
§ 41c Verordnungsermächtigung
§ 42 Verfahren bei der Ethik-Kommission, Genehmigungsverfahren bei der Bundesoberbehörde
§ 42a Rücknahme, Widerruf und Ruhen der Genehmigung oder der zustimmenden Bewertung
§ 42b Veröffentlichung der Ergebnisse klinischer Prüfungen

**Siebter Abschnitt. Abgabe von Arzneimitteln**

§ 43 Apothekenpflicht, Inverkehrbringen durch Tierärzte
§ 44 Ausnahme von der Apothekenpflicht
§ 45 Ermächtigung zu weiteren Ausnahmen von der Apothekenpflicht
§ 46 Ermächtigung zur Ausweitung der Apothekenpflicht
§ 47 Vertriebsweg
§ 47a Sondervertriebsweg, Nachweispflichten
§ 47b Sondervertriebsweg Diamorphin
§ 48 Verschreibungspflicht
§ 49 (weggefallen)
§ 50 Einzelhandel mit freiverkäuflichen Arzneimitteln
§ 51 Abgabe im Reisegewerbe
§ 52 Verbot der Selbstbedienung
§ 52a Großhandel mit Arzneimitteln
§ 52b Bereitstellung von Arzneimitteln
§ 52c Arzneimittelvermittlung
§ 53 Anhörung von Sachverständigen

**Achter Abschnitt. Sicherung und Kontrolle der Qualität**

§ 54 Betriebsverordnungen
§ 55 Arzneibuch
§ 55a Amtliche Sammlung von Untersuchungsverfahren

**Neunter Abschnitt. Sondervorschriften für Arzneimittel, die bei Tieren angewendet werden**

§ 56 Fütterungsarzneimittel
§ 56a Verschreibung, Abgabe und Anwendung von Arzneimitteln durch Tierärzte
§ 56b Ausnahmen
§ 57 Erwerb und Besitz durch Tierhalter, Nachweise
§ 57a Anwendung durch Tierhalter
§ 58 Anwendung bei Tieren, die der Gewinnung von Lebensmitteln dienen
§ 58a Mitteilungen über Tierhaltungen
§ 58b Mitteilungen über Arzneimittelverwendung
§ 58c Ermittlung der Therapiehäufigkeit
§ 58d Verringerung der Behandlung mit antibakteriell wirksamen Stoffen
§ 58e Verordnungsermächtigungen
§ 58f Verarbeitung und Übermittlung von Daten
§ 58g (weggefallen)
§ 59 Klinische Prüfung und Rückstandsprüfung bei Tieren, die der Lebensmittelgewinnung dienen
§ 59a Verkehr mit Stoffen und Zubereitungen aus Stoffen

§ 59b Stoffe zur Durchführung von Rückstandskontrollen
§ 59c Nachweispflichten für Stoffe, die als Tierarzneimittel verwendet werden können
§ 59d Verabreichung pharmakologisch wirksamer Stoffe an Tiere, die der Lebensmittelgewinnung dienen
§ 60 Heimtiere
§ 61 Befugnisse tierärztlicher Bildungsstätten

**Zehnter Abschnitt. Beobachtung, Sammlung und Auswertung von Arzneimittelrisiken**

§ 62 Organisation
§ 63 Stufenplan
§ 63a Stufenplanbeauftragter
§ 63b Allgemeine Pharmakovigilanz-Pflichten des Inhabers der Zulassung
§ 63c Dokumentations- und Meldepflichten des Inhabers der Zulassung für Arzneimittel, die zur Anwendung bei Menschen bestimmt sind, für Verdachtsfälle von Nebenwirkungen
§ 63d Regelmäßige aktualisierte Unbedenklichkeitsberichte
§ 63e Europäisches Verfahren
§ 63f Allgemeine Voraussetzungen für nichtinterventionelle Unbedenklichkeitsprüfungen
§ 63g Besondere Voraussetzungen für angeordnete nichtinterventionelle Unbedenklichkeitsprüfungen
§ 63h Dokumentations- und Meldepflichten für Arzneimittel, die zur Anwendung bei Tieren bestimmt sind
§ 63i Dokumentations- und Meldepflichten bei Blut- und Gewebezubereitungen und Gewebe
§ 63j Dokumentations- und Meldepflichten der behandelnden Person für nicht zulassungs- oder genehmigungspflichtige Arzneimittel für neuartige Therapien
§ 63k Ausnahmen

**Elfter Abschnitt. Überwachung**

§ 64 Durchführung der Überwachung
§ 65 Probenahme
§ 66 Duldungs- und Mitwirkungspflicht
§ 67 Allgemeine Anzeigepflicht
§ 67a Datenbankgestütztes Informationssystem
§ 67b EU-Kompendium der Gewebeeinrichtungen, EU-Kompendium der Gewebe- und Zellprodukte, Unterrichtungspflichten
§ 68 Mitteilungs- und Unterrichtungspflichten
§ 69 Maßnahmen der zuständigen Behörden
§ 69a Überwachung von Stoffen, die als Tierarzneimittel verwendet werden können
§ 69b Verwendung bestimmter Daten

**Zwölfter Abschnitt. Sondervorschriften für Bundeswehr, Bundespolizei, Bereitschaftspolizei, Zivilschutz**

§ 70 Anwendung und Vollzug des Gesetzes
§ 71 Ausnahmen

**Dreizehnter Abschnitt. Einfuhr und Ausfuhr**

§ 72 Einfuhrerlaubnis
§ 72a Zertifikate
§ 72b Einfuhrerlaubnis und Zertifikate für Gewebe und bestimmte Gewebezubereitungen
§ 72c Einmalige Einfuhr von Gewebe oder Gewebezubereitungen
§ 73 Verbringungsverbot
§ 73a Ausfuhr
§ 74 Mitwirkung von Zolldienststellen

**Vierzehnter Abschnitt. Informationsbeauftragter, Pharmaberater**

§ 74a Informationsbeauftragter
§ 75 Sachkenntnis
§ 76 Pflichten

**Fünfzehnter Abschnitt. Bestimmung der zuständigen Bundesoberbehörden und sonstige Bestimmungen**

§ 77 Zuständige Bundesoberbehörde
§ 77a Unabhängigkeit und Transparenz
§ 78 Preise
§ 79 Ausnahmeermächtigungen für Krisenzeiten
§ 80 Ermächtigung für Verfahrens- und Härtefallregelungen

§ 81 Verhältnis zu anderen Gesetzen
§ 82 Allgemeine Verwaltungsvorschriften
§ 83 Angleichung an das Recht der Europäischen Union
§ 83a Rechtsverordnungen in bestimmten Fällen
§ 83b Verkündung von Rechtsverordnungen

**Sechzehnter Abschnitt. Haftung für Arzneimittelschäden**

§ 84 Gefährdungshaftung
§ 84a Auskunftsanspruch
§ 85 Mitverschulden
§ 86 Umfang der Ersatzpflicht bei Tötung
§ 87 Umfang der Ersatzpflicht bei Körperverletzung
§ 88 Höchstbeträge
§ 89 Schadensersatz durch Geldrenten
§ 90 (weggefallen)
§ 91 Weitergehende Haftung
§ 92 Unabdingbarkeit
§ 93 Mehrere Ersatzpflichtige
§ 94 Deckungsvorsorge
§ 94a Örtliche Zuständigkeit

**Siebzehnter Abschnitt. Straf- und Bußgeldvorschriften**

§ 95 Strafvorschriften
§ 96 Strafvorschriften
§ 97 Bußgeldvorschriften
§ 98 Einziehung
§ 98a *(aufgehoben)*

**Achtzehnter Abschnitt. Überleitungs- und Übergangsvorschriften**

Erster Unterabschnitt

§§ 99 bis 124 Überleitungsvorschriften aus Anlass des Gesetzes zur Neuordnung des Arzneimittelrechts

Zweiter Unterabschnitt

§§ 125 und 126 Übergangsvorschriften aus Anlass des Ersten Gesetzes zur Änderung des Arzneimittelgesetzes

Dritter Unterabschnitt

§§ 127 bis 131 Übergangsvorschriften aus Anlass des Zweiten Gesetzes zur Änderung des Arzneimittelgesetzes

Vierter Unterabschnitt

§ 132 Übergangsvorschriften aus Anlass des Fünften Gesetzes zur Änderung des Arzneimittelgesetzes

Fünfter Unterabschnitt

§ 133 Übergangsvorschrift aus Anlass des Siebten Gesetzes zur Änderung des Arzneimittelgesetzes

Sechster Unterabschnitt

§ 134 Übergangsvorschriften aus Anlass des Transfusionsgesetzes

Siebter Unterabschnitt

§ 135 Übergangsvorschriften aus Anlass des Achten Gesetzes zur Änderung des Arzneimittelgesetzes

Achter Unterabschnitt

§ 136 Übergangsvorschriften aus Anlass des Zehnten Gesetzes zur Änderung des Arzneimittelgesetzes

Neunter Unterabschnitt

§ 137 Übergangsvorschriften aus Anlass des Elften Gesetzes zur Änderung des Arzneimittelgesetzes

Zehnter Unterabschnitt

§ 138 Übergangsvorschriften aus Anlass des Zwölften Gesetzes zur Änderung des Arzneimittelgesetzes

Elfter Unterabschnitt

§ 139 Übergangsvorschriften aus Anlass des Ersten Gesetzes zur Änderung des Transfusionsgesetzes und arzneimittelrechtlicher Vorschriften

Zwölfter Unterabschnitt

§ 140 Übergangsvorschriften aus Anlass des Dreizehnten Gesetzes zur Änderung des Arzneimittelgesetzes

Dreizehnter Unterabschnitt

§ 141 Übergangsvorschriften aus Anlass des Vierzehnten Gesetzes zur Änderung des Arzneimittelgesetzes

Vierzehnter Unterabschnitt

§ 142 Übergangsvorschriften aus Anlass des Gewebegesetzes

§ 142a Übergangs- und Bestandsschutzvorschrift aus Anlass des Gesetzes zur Umsetzung der Richtlinien (EU) 2015/566 und (EU) 2015/565 zur Einfuhr und zur Kodierung menschlicher Gewebe und Gewebezubereitungen

§ 142b Übergangsvorschrift aus Anlass des Gesetzes zur Fortschreibung der Vorschriften für Blut- und Gewebezubereitungen und zur Änderung anderer Vorschriften

Fünfzehnter Unterabschnitt. Übergangsvorschriften aus Anlass des Gesetzes zur Verbesserung der Bekämpfung des Dopings im Sport

§ 143 (weggefallen)

Sechzehnter Unterabschnitt

§ 144 Übergangsvorschriften aus Anlass des Gesetzes zur Änderung arzneimittelrechtlicher und anderer Vorschriften

Siebzehnter Unterabschnitt

§ 145 Übergangsvorschriften aus Anlass des Gesetzes zur Neuordnung des Arzneimittelmarktes

Achtzehnter Unterabschnitt. Übergangsvorschrift

§ 146 Übergangsvorschriften aus Anlass des Zweiten Gesetzes zur Änderung arzneimittelrechtlicher und anderer Vorschriften

Neunzehnter Unterabschnitt. Übergangsvorschrift

§ 147 Übergangsvorschrift aus Anlass des Dritten Gesetzes zur Änderung arzneimittelrechtlicher und anderer Vorschriften

Einundzwanzigster Unterabschnitt. Übergangsvorschrift

§ 149 Übergangsvorschrift aus Anlass des Siebzehnten Gesetzes zur Änderung des Arzneimittelgesetzes

Anlage 1 (zu § 6)
Anhang *(aufgehoben)*
Anlage 2 (zu § 58c Absatz 2 Satz 2)

## Erster Abschnitt.[1] Zweck des Gesetzes und Begriffsbestimmungen, Anwendungsbereich

**§ 1 Zweck des Gesetzes** Es ist der Zweck dieses Gesetzes, im Interesse einer ordnungsgemäßen Arzneimittelversorgung von Mensch und Tier für die Sicherheit im Verkehr mit Arzneimitteln, insbesondere für die Qualität, Wirksamkeit und Unbedenklichkeit der *Arzneimittel*[2] nach Maßgabe der folgenden Vorschriften zu sorgen.

**§ 2[3] Arzneimittelbegriff.** (1) Arzneimittel sind Stoffe oder Zubereitungen aus Stoffen,

---

[1] Überschrift 1. Abschnitt geänd. mWv 23.7.2009 durch G v. 17.7.2009 (BGBl. I S. 1990).

[2] Zeichensetzung amtlich.

[3] § 2 Abs. 3 Nr. 8 neu gef. mWv 1.8.2007 durch G v. 20.7.2007 (BGBl. I S. 1574); Abs. 1 neu gef., Abs. 2 Nr. 2 geänd., Abs. 3 Nr. 5 neu gef., Abs. 3a eingef. mWv 23.7.2009 durch G v. 17.7.2009 (BGBl. I S. 1990); Abs. 3 Nr. 7 geänd. mWv 26.10.2012 durch G v. 19.10.2012 (BGBl. I S. 2192); Abs. 3 Nr. 5 geänd. mWv 1.9.2013 durch G v. 23.7.2013 (BGBl. I S. 2565); Abs. 3 Nr. 6 geänd. mWv 1.4.2014 durch G v. 10.10.2013 (BGBl. I S. 3813); Abs. 3 Nr. 3 neu gef. mWv 20.5.2016 durch →

1. die zur Anwendung im oder am menschlichen oder tierischen Körper bestimmt sind und als Mittel mit Eigenschaften zur Heilung oder Linderung oder zur Verhütung menschlicher oder tierischer Krankheiten oder krankhafter Beschwerden bestimmt sind oder
2. die im oder am menschlichen oder tierischen Körper angewendet oder einem Menschen oder einem Tier verabreicht werden können, um entweder
   a) die physiologischen Funktionen durch eine pharmakologische, immunologische oder metabolische Wirkung wiederherzustellen, zu korrigieren oder zu beeinflussen oder
   b) eine medizinische Diagnose zu erstellen.

(2) Als Arzneimittel gelten

1. Gegenstände, die ein Arzneimittel nach Absatz 1 enthalten oder auf die ein Arzneimittel nach Absatz 1 aufgebracht ist und die dazu bestimmt sind, dauernd oder vorübergehend mit dem menschlichen oder tierischen Körper in Berührung gebracht zu werden,

1a. tierärztliche Instrumente, soweit sie zur einmaligen Anwendung bestimmt sind und aus der Kennzeichnung hervorgeht, dass sie einem Verfahren zur Verminderung der Keimzahl unterzogen worden sind,

2. Gegenstände, die, ohne Gegenstände nach Nummer 1 oder 1a zu sein, dazu bestimmt sind, zu den in Absatz 1 bezeichneten Zwecken in den tierischen Körper dauernd oder vorübergehend eingebracht zu werden, ausgenommen tierärztliche Instrumente,

3. Verbandstoffe und chirurgische Nahtmaterialien, soweit sie zur Anwendung am oder im tierischen Körper bestimmt und nicht Gegenstände der Nummer 1, 1a oder 2 sind,

4. Stoffe und Zubereitungen aus Stoffen, die, auch im Zusammenwirken mit anderen Stoffen oder Zubereitungen aus Stoffen, dazu bestimmt sind, ohne am oder im tierischen Körper angewendet zu werden, die Beschaffenheit,

*(Fortsetzung nächstes Blatt)*

---

*(Fortsetzung der Anm. von voriger Seite)*
G v. 4.4.2016 (BGBl. I S. 569); Abs. 3 Nr. 7 neu gef. mWv 26.5.2021 durch G v. 12.5.2021 (BGBl. I S. 1087); Abs. 3 Nr. 1, 2 und 6 geänd. mWv 10.8.2021 durch G v. 27.7.2021 (BGBl. I S. 3274).

3. bei einer Änderung der Darreichungsform, soweit es sich nicht um eine Änderung nach Absatz 9 Satz 1 Nummer 4 handelt.

[2] Über die Genehmigungspflicht nach Satz 1 entscheidet die zuständige Bundesoberbehörde.

(11) [1] Über Anfragen zur Genehmigungspflicht eines Arzneimittels für neuartige Therapien entscheidet die zuständige Behörde im Benehmen mit der zuständigen Bundesoberbehörde. [2] § 21 Absatz 4 gilt entsprechend.

## Zweiter Abschnitt. Anforderungen an die Arzneimittel

**§ 5[1)] Verbot bedenklicher Arzneimittel.** (1) Es ist verboten, bedenkliche Arzneimittel in den Verkehr zu bringen oder bei einem anderen Menschen anzuwenden.

(2) Bedenklich sind Arzneimittel, bei denen nach dem jeweiligen Stand der wissenschaftlichen Erkenntnisse der begründete Verdacht besteht, dass sie bei bestimmungsgemäßem Gebrauch schädliche Wirkungen haben, die über ein nach den Erkenntnissen der medizinischen Wissenschaft vertretbares Maß hinausgehen.

**§ 6[2)] Verbote zum Schutz der Gesundheit, Verordnungsermächtigungen.** (1) Es ist verboten, ein Arzneimittel herzustellen, in Verkehr zu bringen oder bei Menschen oder Tieren anzuwenden, wenn bei der Herstellung des Arzneimittels einer durch Rechtsverordnung nach Absatz 2 angeordneten Bestimmung über die Verwendung von Stoffen, Zubereitungen aus Stoffen oder Gegenständen, die in der Anlage 1 genannt sind, zuwidergehandelt wird.

(2) Das Bundesministerium für Gesundheit (Bundesministerium) wird ermächtigt, durch Rechtsverordnung mit Zustimmung des Bundesrates die Verwendung der in der Anlage 1 genannten Stoffe, Zubereitungen aus Stoffen oder Gegenstände bei der Herstellung von Arzneimitteln vorzuschreiben, zu beschränken oder zu verbieten, soweit es zur Verhütung einer Gefährdung der Gesundheit von Mensch oder Tier (Risikovorsorge) oder zur Abwehr einer unmittelbaren oder mittelbaren Gefährdung der Gesundheit von Mensch oder Tier durch Arzneimittel geboten ist.

(3) [1] Das Bundesministerium wird ermächtigt, durch Rechtsverordnung mit Zustimmung des Bundesrates weitere Stoffe, Zubereitungen aus Stoffen oder Gegenstände in die Anlage 1 aufzunehmen, soweit es zur Risikovorsorge oder zur Abwehr einer unmittelbaren oder mittelbaren Gefährdung der Gesundheit von Mensch oder Tier durch Arzneimittel geboten ist. [2] Durch Rechtsverordnung nach Satz 1 sind Stoffe, Zubereitungen aus Stoffen oder Gegenstände aus der Anlage 1 zu streichen, wenn die Voraussetzungen des Satzes 1 nicht mehr erfüllt sind.

(4) Die Rechtsverordnungen nach den Absätzen 2 und 3 werden vom Bundesministerium für Ernährung und Landwirtschaft im Einvernehmen mit dem Bundesministerium erlassen, sofern es sich um Arzneimittel handelt, die zur Anwendung bei Tieren bestimmt sind.

---

[1)] § 5 Abs. 1 geänd. mWv 23.7.2009 durch G v. 17.7.2009 (BGBl. I S. 1990).

[2)] § 6 neu gef. mWv 16.8.2019 durch G v. 9.8.2019 (BGBl. I S. 1202); Abs. 1, 2, 3 Sätze 1, 2 geänd. mWv 1.11.2021 durch G v. 10.8.2021 (BGBl. I S. 3519).

(5) Die Rechtsverordnungen nach den Absätzen 2 und 3 ergehen im Einvernehmen mit dem Bundesministerium für Umwelt, Naturschutz und nukleare Sicherheit, sofern es sich um radioaktive Arzneimittel oder um Arzneimittel handelt, bei deren Herstellung ionisierende Strahlen verwendet werden.

**§ 6a**[1] *(aufgehoben)*

**§ 7**[2] **Radioaktive und mit ionisierenden Strahlen behandelte Arzneimittel.** (1) Es ist verboten, radioaktive Arzneimittel oder Arzneimittel, bei deren Herstellung ionisierende Strahlen verwendet worden sind, in den Verkehr zu bringen, es sei denn, dass dies durch Rechtsverordnung nach Absatz 2 zugelassen ist.

(2) [1] Das Bundesministerium wird ermächtigt, im Einvernehmen mit dem Bundesministerium für Umwelt, Naturschutz und nukleare Sicherheit durch Rechtsverordnung mit Zustimmung des Bundesrates das Inverkehrbringen radioaktiver Arzneimittel oder bei der Herstellung von Arzneimitteln die Verwendung ionisierender Strahlen zuzulassen, soweit dies nach dem jeweiligen Stand der wissenschaftlichen Erkenntnisse zu medizinischen Zwecken geboten und für die Gesundheit von Mensch oder Tier unbedenklich ist. [2] In der Rechtsverordnung können für die Arzneimittel der Vertriebsweg bestimmt sowie Angaben über die Radioaktivität auf dem Behältnis, der äußeren Umhüllung und der Packungsbeilage vorgeschrieben werden. [3] Die Rechtsverordnung wird vom Bundesministerium für Ernährung und Landwirtschaft im Einvernehmen mit dem Bundesministerium und dem Bundesministerium für Umwelt, Naturschutz und nukleare Sicherheit erlassen, soweit es sich um Arzneimittel handelt, die zur Anwendung bei Tieren bestimmt sind.

**§ 8**[3] **Verbote zum Schutz vor Täuschung.** (1) Es ist verboten, Arzneimittel oder Wirkstoffe herzustellen oder in den Verkehr zu bringen, die

1. durch Abweichung von den anerkannten pharmazeutischen Regeln in ihrer Qualität nicht unerheblich gemindert sind oder

1a. *(aufgehoben)*

2. mit irreführender Bezeichnung, Angabe oder Aufmachung versehen sind. Eine Irreführung liegt insbesondere dann vor, wenn
   a) Arzneimitteln eine therapeutische Wirksamkeit oder Wirkungen oder Wirkstoffen eine Aktivität beigelegt werden, die sie nicht haben,
   b) fälschlich der Eindruck erweckt wird, dass ein Erfolg mit Sicherheit erwartet werden kann oder dass nach bestimmungsgemäßem oder längerem Gebrauch keine schädlichen Wirkungen eintreten,

---

[1] § 6a aufgeh. mWv 18.12.2015 durch G v. 10.12.2015 (BGBl. I S. 2210).

[2] § 7 Abs. 2 Sätze 1 und 3 geänd. mWv 8.9.2015 durch VO v. 31.8.2015 (BGBl. I S. 1474); Abs. 2 Sätze 1, 3 geänd. mWv 27.6.2020 durch VO v. 19.6.2020 (BGBl. I S. 1328).

[3] § 8 Abs. 1 einl. Satzteil, Nr. 1a, Nr. 2 Buchst. a und c geänd. mWv 23.7.2009 durch G v. 17.7. 2009 (BGBl. I S. 1990); Abs. 1 Nr. 1 und 2 geänd., Nr. 1a aufgeh., Abs. 2 neu gef., Abs. 3 angef. mWv 26.10.2012 durch G v. 19.10.2012 (BGBl. I S. 2192).

und Inhalt der Nachweise sowie die Dauer ihrer Aufbewahrung geregelt werden.

**§ 57a**[1] **Anwendung durch Tierhalter.** Tierhalter und andere Personen, die nicht Tierärzte sind, dürfen verschreibungspflichtige Arzneimittel bei Tieren nur anwenden, soweit die Arzneimittel von dem Tierarzt verschrieben oder abgegeben worden sind, bei dem sich die Tiere in Behandlung befinden.

**§ 58**[2] **Anwendung bei Tieren, die der Gewinnung von Lebensmitteln dienen.** (1) [1] Zusätzlich zu der Anforderung des § 57a dürfen Tierhalter und andere Personen, die nicht Tierärzte sind, verschreibungspflichtige Arzneimittel oder andere vom Tierarzt verschriebene oder erworbene Arzneimittel bei Tieren, die der Gewinnung von Lebensmitteln dienen, vorbehaltlich einer Maßnahme der zuständigen Behörde nach § 58d Absatz 3 Satz 2 Nummer 2 nur nach einer tierärztlichen Behandlungsanweisung für den betreffenden Fall anwenden. [2] Nicht verschreibungspflichtige Arzneimittel, die nicht für den Verkehr außerhalb der Apotheken freigegeben sind und deren Anwendung nicht auf Grund einer tierärztlichen Behandlungsanweisung erfolgt, dürfen nur angewendet werden,

1. wenn sie zugelassen sind oder in den Anwendungsbereich einer Rechtsverordnung nach § 36 oder § 39 Abs. 3 Satz 1 Nr. 2 fallen oder sie nach § 38 Abs. 1 in den Verkehr gebracht werden dürfen,
2. für die in der Kennzeichnung oder Packungsbeilage der Arzneimittel bezeichneten Tierarten und Anwendungsgebiete und
3. in einer Menge, die nach Dosierung und Anwendungsdauer der Kennzeichnung des Arzneimittels entspricht.

[3] Abweichend von Satz 2 dürfen Arzneimittel im Sinne des § 43 Abs. 4 Satz 3 nur nach der veterinärbehördlichen Anweisung nach § 43 Abs. 4 Satz 4 angewendet werden.

(2) Das Bundesministerium für Ernährung und Landwirtschaft wird ermächtigt, im Einvernehmen mit dem Bundesministerium durch Rechtsverordnung mit Zustimmung des Bundesrates zu verbieten, dass Arzneimittel, die zur Anwendung bei Tieren bestimmt sind, die der Gewinnung von Lebensmitteln dienen, für bestimmte Anwendungsgebiete oder -bereiche in den Verkehr gebracht oder zu diesen Zwecken angewendet werden, soweit es geboten ist, um eine mittelbare Gefährdung der Gesundheit des Menschen zu verhüten.

(3) Das Bundesministerium für Ernährung und Landwirtschaft wird ferner ermächtigt, im Einvernehmen mit dem Bundesministerium durch Rechtsverordnung mit Zustimmung des Bundesrates Einzelheiten zu technischen Anlagen für die orale Anwendung von Arzneimitteln bei Tieren, die Instandhaltung und Reinigung dieser Anlagen und zu Sorgfaltspflichten des Tierhalters festzulegen, um eine Verschleppung antimikrobiell wirksamer Stoffe zu verringern.

---

[1] § 57a eingef. mWv 31.5.2011 durch G v. 25.5.2011 (BGBl. I S. 946).

[2] § 58 Abs. 1 geänd. mWv 31.5.2011 durch G v. 25.5.2011 (BGBl. I S. 946); Abs. 1 Satz 1 geänd., Abs. 3 angef. mWv 1.4.2014 durch G v. 10.10.2013 (BGBl. I S. 3813); Abs. 2 und 3 geänd. mWv 8.9. 2015 durch VO v. 31.8.2015 (BGBl. I S. 1474).

**§ 58a[1)] Mitteilungen über Tierhaltungen.** (1) [1] Wer Rinder (Bos taurus), Schweine (Sus scrofa domestica), Hühner (Gallus gallus) oder Puten (Meleagris gallopavo) berufs- oder gewerbsmäßig hält, hat der zuständigen Behörde nach Maßgabe des Absatzes 2 das Halten dieser Tiere bezogen auf die jeweilige Tierart und den Betrieb, in dem die Tiere gehalten werden (Tierhaltungsbetrieb), spätestens 14 Tage nach Beginn der Haltung mitzuteilen. [2] Die Mitteilung hat ferner folgende Angaben zu enthalten:

1. den Namen des Tierhalters,
2. die Anschrift des Tierhaltungsbetriebes und die nach Maßgabe tierseuchenrechtlicher Vorschriften über den Verkehr mit Vieh für den Tierhaltungsbetrieb erteilte Registriernummer,
3. bei der Haltung
   a) von Rindern ergänzt durch die Angabe, ob es sich um Mastkälber bis zu einem Alter von acht Monaten oder um Mastrinder ab einem Alter von acht Monaten,
   b) von Schweinen ergänzt durch die Angabe, ob es sich um Ferkel bis einschließlich 30 kg oder um Mastschweine über 30 kg

   (Nutzungsart) handelt.

(2) Die Mitteilungspflicht nach Absatz 1 Satz 1 gilt

1. für zum Zweck der Fleischerzeugung (Mast) bestimmte Hühner oder Puten und ab dem Zeitpunkt des jeweiligen Schlüpfens dieser Tiere und
2. für zum Zweck der Mast bestimmte Rinder oder Schweine und ab dem Zeitpunkt, ab dem die jeweiligen Tiere vom Muttertier abgesetzt sind.

(3) Derjenige, der am 1. April 2014 Tiere im Sinne des Absatzes 1 Satz 1 hält, hat die Mitteilung nach Absatz 1 Satz 1 und 2 spätestens bis zum 1. Juli 2014 zu machen.

(4) [1] Wer nach Absatz 1 oder 3 zur Mitteilung verpflichtet ist, hat Änderungen hinsichtlich der mitteilungspflichtigen Angaben innerhalb von 14 Werktagen mitzuteilen. [2] Die Mitteilung nach Absatz 1 oder 3, jeweils auch in Verbindung mit Satz 1, hat elektronisch oder schriftlich zu erfolgen. [3] Die vorgeschriebenen Mitteilungen können durch Dritte vorgenommen werden, soweit der Tierhalter dies unter Nennung des Dritten der zuständigen Behörde angezeigt hat. [4] Die Absätze 1 und 3 sowie Satz 1 gelten nicht, soweit die verlangten Angaben nach tierseuchenrechtlichen Vorschriften über den Verkehr mit Vieh mitgeteilt worden sind. [5] In diesen Fällen übermittelt die für die Durchführung der tierseuchenrechtlichen Vorschriften über den Verkehr mit Vieh zuständige Behörde der für die Durchführung der Absätze 1 und 3 sowie des Satzes 1 zuständigen Behörde die verlangten Angaben. [6] Die Übermittlung nach Satz 5 kann im automatisierten Abrufverfahren erfolgen.

**§ 58b[2)] Mitteilungen über Arzneimittelverwendung.** (1) [1] Wer Tiere, für die nach § 58a Mitteilungen über deren Haltung zu machen sind, hält, hat der zuständigen Behörde im Hinblick auf Arzneimittel, die antibakteriell wirksame

---

1) § 58a eingef. mWv 1.4.2014 durch G v. 10.10.2013 (BGBl. I S. 3813); Abs. 4 Satz 6 geänd. mWv 26.11.2019 durch G v. 20.11.2019 (BGBl. I S. 1626).

2) § 58b eingef. mWv 1.4.2014 durch G v. 10.10.2013 (BGBl. I S. 3813); Abs. 1 Satz 1 Nr. 3 geänd., Satz 3 neu gef., Satz 4 eingef., bish. Satz 4 wird Satz 5, Abs. 2 Satz 1 Nr. 4, Satz 2 Nr. 2 geänd. mWv 1.11.2021 durch G v. 10.8.2021 (BGBl. I S. 3519).

Stoffe enthalten und bei den von ihm gehaltenen Tieren angewendet worden sind, für jeden Tierhaltungsbetrieb, für den ihm nach den tierseuchenrechtlichen Vorschriften über den Verkehr mit Vieh eine Registriernummer zugeteilt worden ist, unter Berücksichtigung der Nutzungsart halbjährlich für jede Behandlung mitzuteilen

1. die Bezeichnung des angewendeten Arzneimittels,
2. die Anzahl und die Art der behandelten Tiere,
3. vorbehaltlich des Absatzes 3 die Anzahl der Behandlungstage und das Datum der ersten Anwendung oder das Abgabedatum des Arzneimittels,
4. die insgesamt angewendete Menge von Arzneimitteln, die antibakteriell wirksame Stoffe enthalten,
5. für jedes Halbjahr die Anzahl der Tiere der jeweiligen Tierart, die
   a) in jedem Halbjahr zu Beginn im Betrieb gehalten,
   b) im Verlauf eines jeden Halbjahres in den Betrieb aufgenommen,
   c) im Verlauf eines jeden Halbjahres aus dem Betrieb abgegeben

   worden sind.

[2]Die Mitteilungen nach Satz 1 Nummer 5 Buchstabe b und c sind unter Angabe des Datums der jeweiligen Handlung zu machen. [3]Auch wenn bei den nach Satz 1 gehaltenen Tieren keine Arzneimittel mit antibakteriell wirksamen Stoffen angewendet worden sind, ist dies der zuständigen Behörde mitzuteilen. [4]Die Mitteilungen nach den Sätzen 1 und 3 sind für das erste Halbjahr spätestens am 14. Juli des laufenden Jahres und für das zweite Halbjahr spätestens am 14. Januar des Folgejahres zu machen. [5]§ 58a Absatz 4 Satz 2 und 3 gilt entsprechend.

(2) [1]Abweichend von Absatz 1 Satz 1 können die in Absatz 1 Satz 1 Nummer 1 bis 4 genannten Angaben durch nachfolgende Angaben ersetzt werden:

1. die Bezeichnung des für die Behandlung vom Tierarzt erworbenen oder verschriebenen Arzneimittels,
2. die Anzahl und Art der Tiere, für die eine Behandlungsanweisung des Tierarztes ausgestellt worden ist,
3. die Identität der Tiere, für die eine Behandlungsanweisung des Tierarztes ausgestellt worden ist, sofern sich aus der Angabe die Nutzungsart ergibt,
4. vorbehaltlich des Absatzes 3 die Dauer der verordneten Behandlung in Tagen und das Datum der ersten Anwendung oder das Abgabedatum des Arzneimittels,
5. die vom Tierarzt insgesamt angewendete oder abgegebene Menge des Arzneimittels.

[2]Satz 1 gilt nur, wenn derjenige, der Tiere hält,

1. gegenüber dem Tierarzt zum Zeitpunkt des Erwerbs oder der Verschreibung der Arzneimittel schriftlich versichert hat, von der Behandlungsanweisung nicht ohne Rücksprache mit dem Tierarzt abzuweichen, und
2. bei der Abgabe der Mitteilung nach Absatz 1 Satz 1 an die zuständige Behörde schriftlich oder elektronisch versichert, dass bei der Behandlung nicht von der Behandlungsanweisung des Tierarztes abgewichen worden ist.

[3]§ 58a Absatz 4 Satz 2 und 3 gilt hinsichtlich des Satzes 1 entsprechend.

(3) [1]Bei Arzneimitteln, die antibakterielle Stoffe enthalten und einen therapeutischen Wirkstoffspiegel von mehr als 24 Stunden aufweisen, teilt der Tierarzt dem Tierhalter die Anzahl der Behandlungstage im Sinne des Absatzes 1 Satz 1 Nummer 3, ergänzt um die Anzahl der Tage, in denen das betroffene Arzneimittel seinen therapeutischen Wirkstoffspiegel behält, mit. [2]Ergänzend zu Absatz 1 Satz 1 Nummer 3 teilt der Tierhalter diese Tage auch als Behandlungstage mit.

**§ 58c[1)] Ermittlung der Therapiehäufigkeit.** (1) [1]Die zuständige Behörde ermittelt für jedes Halbjahr die durchschnittliche Anzahl der Behandlungen mit antibakteriell wirksamen Stoffen, bezogen auf den jeweiligen Betrieb, für den nach den tierseuchenrechtlichen Vorschriften über den Verkehr mit Vieh eine Registriernummer zugeteilt worden ist, und die jeweilige Art der gehaltenen Tiere unter Berücksichtigung der Nutzungsart, in dem sie nach Maßgabe des Berechnungsverfahrens zur Ermittlung der Therapiehäufigkeit vom 21. Februar 2013 (BAnz AT 22.02.2013 B2)

1. für jeden angewendeten Wirkstoff die Anzahl der behandelten Tiere mit der Anzahl der Behandlungstage multipliziert und die so errechnete Zahl jeweils für alle verabreichten Wirkstoffe des Halbjahres addiert und
2. die nach Nummer 1 ermittelte Zahl anschließend durch die Anzahl der Tiere der betroffenen Tierart, die durchschnittlich in dem Halbjahr gehalten worden sind, dividiert

(betriebliche halbjährliche Therapiehäufigkeit). [2]Enthält ein verabreichtes zugelassenes Fertigarzneimittel eine der folgenden Kombinationen, so zählt diese Kombination für die Berechnung nach Satz 1 Nummer 1 als ein einziger Wirkstoff:

1. eine Wirkstoffkombination von Sulfonamiden und Trimethoprim, einschließlich der Derivate von Trimethoprim, oder
2. eine Kombination von verschiedenen chemischen Verbindungen eines einzigen antibakteriellen Wirkstoffs.

(2) [1]Spätestens bis zum Ende des zweiten Monats des Halbjahres, das auf die Mitteilungen des vorangehenden Halbjahres nach § 58b Absatz 1 Satz 1 folgt, teilt die zuständige Behörde dem Bundesamt für Verbraucherschutz und Lebensmittelsicherheit für die Zwecke des Absatzes 4 und des § 77 Absatz 3 Satz 2 in anonymisierter Form die nach Absatz 1 jeweils ermittelte halbjährliche betriebliche Therapiehäufigkeit mit. [2]Darüber hinaus teilt die zuständige Behörde dem Bundesinstitut für Risikobewertung jeweils bis zum Ende des zweiten Monats des Halbjahres, das auf die Mitteilungen des vorangehenden Halbjahres nach § 58b Absatz 1 Satz 1 folgt, in pseudonymisierter Form die in der Anlage 2 aufgeführten, halbjährlich ermittelten Daten zum Zweck der Durchführung einer Risikobewertung auf dem Gebiet der Antibiotikaresistenz mit. [3]Das Bundesinstitut für Risikobewertung bestimmt das Verfahren zur Bildung des Pseudonyms nach Satz 2; es ist so zu gestalten, dass es ausgeschlossen ist, dass das Bundesinstitut für Risikobewertung bei den ihm gemeldeten Daten den Personenbezug wiederherstellen kann. [4]Die Mitteilungen nach den Sätzen 1 und 2 können im automatisierten Abrufverfahren erfolgen. [5]Auf

---

[1)] § 58c eingef. mWv 1.4.2014 durch G v. 10.10.2013 (BGBl. I S. 3813); Abs. 2 Satz 3 geänd. mWv 26.11.2019 durch G v. 20.11.2019 (BGBl. I S. 1626); Abs. 1 Satz 2 angef., Abs. 2 Sätze 2, 3 neu gef., Sätze 4–8 angef. mWv 1.11.2021 durch G v. 10.8.2021 (BGBl. I S. 3519).

Grundlage der ihm übermittelten Daten führt das Bundesinstitut für Risikobewertung die Risikobewertung durch. [6] Das Bundesinstitut für Risikobewertung erstellt jährlich zu den in Anlage 2 aufgeführten, von den zuständigen Behörden übermittelten Daten des Vorjahres einen Bericht über die Ergebnisse der Risikobewertung. [7] Der Berichtszeitraum ist der 1. Januar bis 31. Dezember eines Jahres. [8] Das Bundesinstitut für Risikobewertung hat den erstellten Bericht bis zum 31. August des auf den Berichtszeitraum folgenden Jahres zu veröffentlichen.

(3) [1] Soweit die Länder für die Zwecke des Absatzes 1 eine gemeinsame Stelle einrichten, sind die in den §§ 58a und 58b genannten Angaben dieser Stelle zu übermitteln; diese ermittelt die halbjährliche betriebliche Therapiehäufigkeit nach Maßgabe des in Absatz 1 genannten Berechnungsverfahrens zur Ermittlung der Therapiehäufigkeit und teilt sie den in Absatz 2 Satz 1 und 2 genannten Behörden mit. [2] Absatz 2 Satz 3 gilt entsprechend.

(4) [1] Das Bundesamt für Verbraucherschutz und Lebensmittelsicherheit ermittelt aus den ihm mitgeteilten Angaben zur jeweiligen halbjährlichen betrieblichen Therapiehäufigkeit

1. als Kennzahl 1 den Median (Wert, unter dem 50 Prozent aller erfassten halbjährlichen Therapiehäufigkeiten liegen) und
2. als Kennzahl 2 das dritte Quartil (Wert, unter dem 75 Prozent aller erfassten halbjährlichen betrieblichen Therapiehäufigkeiten liegen)

der bundesweiten halbjährlichen Therapiehäufigkeit für jede in § 58a Absatz 1 bezeichnete Tierart. [2] Das Bundesamt für Verbraucherschutz und Lebensmittelsicherheit macht diese Kennzahlen bis zum Ende des dritten Monats des Halbjahres, das auf die Mitteilungen des vorangehenden Halbjahres nach § 58b Absatz 1 folgt, für das jeweilige abgelaufene Halbjahr im Bundesanzeiger bekannt und schlüsselt diese unter Berücksichtigung der Nutzungsart auf.[1)]

(5) [1] Die zuständige Behörde oder die gemeinsame Stelle nach Absatz 3 teilt dem Tierhalter die nach Absatz 1 ermittelte betriebliche halbjährliche Therapiehäufigkeit für die jeweilige Tierart der von ihm gehaltenen Tiere im Sinne des § 58a Absatz 1 unter Berücksichtigung der Nutzungsart mit. [2] Der Tierhalter kann ferner Auskunft über die nach den §§ 58a und 58b erhobenen, gespeicherten oder sonst verarbeiteten Daten verlangen, soweit sie seinen Betrieb betreffen.

(6) [1] Die nach den §§ 58a und 58b erhobenen oder nach Absatz 5 mitgeteilten und jeweils bei der zuständigen Behörde oder der gemeinsamen Stelle nach Absatz 3 gespeicherten Daten sind für die Dauer von sechs Jahren aufzubewahren. [2] Die Frist beginnt mit Ablauf des 30. Juni oder 31. Dezember desjenigen Halbjahres, in dem die bundesweite halbjährliche Therapiehäufigkeit nach Absatz 4 bekannt gegeben worden ist. [3] Nach Ablauf dieser Frist sind die Daten zu löschen.

---

[1)] Siehe hierzu ua:

Bek. des Medians und des dritten Quartils der vom 1. Januar 2016 bis 30. Juni 2016 erfassten bundesweiten betrieblichen Therapiehäufigkeiten für Mastrinder, Mastschweine, Masthühner und Mastputen nach § 58c Abs. 4 ArzneimittelG v. 10.8.2016 (BAnz AT 30.09.2016 B4).

BVL-Bek. des Medians v. 1.1.2019 bis 30.6.2019 v. 10.9.2019 (BAnz AT 30.09.2019 B5).

BVL-Bek. des Medians v. 17.1.2019 bis 31.12.2019 v. 17.3.2020 (BAnz AT 31.03.2020 B11).

**§ 58d[1] Verringerung der Behandlung mit antibakteriell wirksamen Stoffen.** (1) Um zur wirksamen Verringerung der Anwendung von Arzneimitteln, die antibakteriell wirksame Stoffe enthalten, beizutragen, hat derjenige, der Tiere im Sinne des § 58a Absatz 1 Satz 1 berufs- oder gewerbsmäßig hält,

1. jeweils zwei Monate nach einer Bekanntmachung der Kennzahlen der bundesweiten halbjährlichen Therapiehäufigkeit nach § 58c Absatz 4 Satz 2 festzustellen, ob im abgelaufenen Zeitraum seine betriebliche halbjährliche Therapiehäufigkeit bei der jeweiligen Tierart der von ihm gehaltenen Tiere unter Berücksichtigung der Nutzungsart bezogen auf den Tierhaltungsbetrieb, für den ihm nach den tierseuchenrechtlichen Vorschriften über den Verkehr mit Vieh eine Registriernummer zugeteilt worden ist, oberhalb der Kennzahl 1 oder der Kennzahl 2 der bundesweiten halbjährlichen Therapiehäufigkeit liegt,
2. die Feststellung nach Nummer 1 unverzüglich nach ihrer Feststellung in seinen betrieblichen Unterlagen aufzuzeichnen.

(2) [1]Liegt die betriebliche halbjährliche Therapiehäufigkeit eines Tierhalters bezogen auf den Tierhaltungsbetrieb, für den ihm nach den tierseuchenrechtlichen Vorschriften über den Verkehr mit Vieh eine Registriernummer zugeteilt worden ist,

1. oberhalb der Kennzahl 1 der bundesweiten halbjährlichen Therapiehäufigkeit, hat der Tierhalter unter Hinzuziehung eines Tierarztes zu prüfen, welche Gründe zu dieser Überschreitung geführt haben können und wie die Behandlung der von ihm gehaltenen Tiere im Sinne des § 58a Absatz 1 mit Arzneimitteln, die antibakteriell wirksame Stoffe enthalten, verringert werden kann, oder
2. oberhalb der Kennzahl 2 der bundesweiten halbjährlichen Therapiehäufigkeit, hat der Tierhalter auf der Grundlage einer tierärztlichen Beratung innerhalb von zwei Monaten nach dem sich aus Absatz 1 Nummer 1 ergebenden Datum einen schriftlichen Plan zu erstellen, der Maßnahmen enthält, die eine Verringerung der Behandlung mit Arzneimitteln, die antibakteriell wirksame Stoffe enthalten, zum Ziel haben.

[2]Ergibt die Prüfung des Tierhalters nach Satz 1 Nummer 1, dass die Behandlung mit den betroffenen Arzneimitteln verringert werden kann, hat der Tierhalter Schritte zu ergreifen, die zu einer Verringerung führen können. [3]Der Tierhalter hat dafür Sorge zu tragen, dass die Maßnahme nach Satz 1 Nummer 1 und die in dem Plan nach Satz 1 Nummer 2 aufgeführten Schritte unter Gewährleistung der notwendigen arzneilichen Versorgung der Tiere durchgeführt werden. [4]Der Plan nach Satz 1 Nummer 2 ist um einen Zeitplan zu ergänzen, wenn die nach dem Plan zu ergreifenden Maßnahmen nicht innerhalb von sechs Monaten erfüllt werden können.

(3) [1]Der Plan nach Absatz 2 Satz 1 Nummer 2 ist der zuständigen Behörde unaufgefordert spätestens zwei Monate nach dem sich aus Absatz 1 Nummer 1 ergebenden Datum zu übermitteln. [2]Soweit es zur wirksamen Verringerung der Behandlung mit Arzneimitteln, die antibakteriell wirksame Stoffe enthalten, erforderlich ist, kann die zuständige Behörde gegenüber dem Tierhalter

1. anordnen, dass der Plan zu ändern oder zu ergänzen ist,

---

[1] § 58d eingef. mWv 1.4.2014 durch G v. 10.10.2013 (BGBl. I S. 3813).

2. unter Berücksichtigung des Standes der veterinärmedizinischen Wissenschaft zur Verringerung der Behandlung mit Arzneimitteln, die antibakteriell wirksame Stoffe enthalten, Anordnungen treffen, insbesondere hinsichtlich
   a) der Beachtung von allgemein anerkannten Leitlinien über die Anwendung von Arzneimitteln, die antibakteriell wirksame Mittel enthalten, oder Teilen davon sowie
   b) einer Impfung der Tiere,
3. im Hinblick auf die Vorbeugung vor Erkrankungen unter Berücksichtigung des Standes der guten fachlichen Praxis in der Landwirtschaft oder der guten hygienischen Praxis in der Tierhaltung Anforderungen an die Haltung der Tiere anordnen, insbesondere hinsichtlich der Fütterung, der Hygiene, der Art und Weise der Mast einschließlich der Mastdauer, der Ausstattung der Ställe sowie deren Einrichtung und der Besatzdichte,
4. anordnen, dass Arzneimittel, die antibakteriell wirksame Stoffe enthalten, für einen bestimmten Zeitraum in einem Tierhaltungsbetrieb nur durch den Tierarzt angewendet werden dürfen, wenn die für die jeweilige von einem Tierhalter gehaltene Tierart, unter Berücksichtigung der Nutzungsart, festgestellte halbjährliche Therapiehäufigkeit zweimal in Folge erheblich oberhalb der Kennzahl 2 der bundesweiten Therapiehäufigkeit liegt.

[3] In der Anordnung nach Satz 2 Nummer 1 ist das Ziel der Änderung oder Ergänzung des Planes anzugeben. [4] In Anordnungen nach Satz 2 Nummer 2, 3 und 4 ist Vorsorge dafür zu treffen, dass die Tiere jederzeit die notwendige arzneiliche Versorgung erhalten. [5] Die zuständige Behörde kann dem Tierhalter gegenüber Maßnahmen nach Satz 2 Nummer 3 auch dann anordnen, wenn diese Rechte des Tierhalters aus Verwaltungsakten widerrufen oder aus anderen Rechtsvorschriften einschränken, sofern die erforderliche Verringerung der Behandlung mit Arzneimitteln, die antibakteriell wirksame Stoffe enthalten, nicht durch andere wirksame Maßnahmen erreicht werden kann und der zuständigen Behörde tatsächliche Erkenntnisse über die Wirksamkeit der weitergehenden Maßnahmen vorliegen. [6] Satz 5 gilt nicht, soweit unmittelbar geltende Rechtsvorschriften der Europäischen Gemeinschaft oder der Europäischen Union entgegenstehen.

(4) [1] Hat der Tierhalter Anordnungen nach Absatz 3 Satz 2 Nummer 1 bis 4, im Fall der Nummer 3 auch in Verbindung mit Satz 5, nicht befolgt und liegt die für die jeweilige von einem Tierhalter gehaltene Tierart unter Berücksichtigung der Nutzungsart festgestellte halbjährliche Therapiehäufigkeit deshalb wiederholt oberhalb der Kennzahl 2 der bundesweiten Therapiehäufigkeit, kann die zuständige Behörde das Ruhen der Tierhaltung im Betrieb des Tierhalters für einen bestimmten Zeitraum, längstens für drei Jahre, anordnen. [2] Die Anordnung des Ruhens der Tierhaltung ist aufzuheben, sobald sichergestellt ist, dass die in Satz 1 bezeichneten Anordnungen befolgt werden.

**§ 58e[1)] Verordnungsermächtigungen.** (1) [1] Das Bundesministerium für Ernährung und Landwirtschaft wird ermächtigt, im Einvernehmen mit dem Bundesministerium durch Rechtsverordnung mit Zustimmung des Bundesrates das Nähere über Art, Form und Inhalt der Mitteilungen des Tierhalters nach

[1)] § 58e eingef. mWv 1.4.2014 durch G v. 10.10.2013 (BGBl. I S. 3813, ber. 2014 S. 272); Abs. 1 Satz 1, Abs. 2 einl. Satzteil, Abs. 3 einl. Satzteil und Abs. 4 Satz 1 geänd. mWv 8.9.2015 durch VO v. 31.8.2015 (BGBl. I S. 1474).

§ 58a Absatz 1 oder § 58b zu regeln. [2] In der Rechtsverordnung nach Satz 1 kann vorgesehen werden, dass

1. die Mitteilungen nach § 58b Absatz 1 oder 3 durch die Übermittlung von Angaben oder Aufzeichnungen ersetzt werden können, die auf Grund anderer arzneimittelrechtlicher Vorschriften, insbesondere auf Grund einer Verordnung nach § 57 Absatz 2, vorzunehmen sind,
2. Betriebe bis zu einer bestimmten Bestandsgröße von den Anforderungen nach § 58a und § 58b ausgenommen werden.

[3] Eine Rechtsverordnung nach Satz 2 Nummer 2 darf nur erlassen werden, soweit

1. durch die Ausnahme der Betriebe das Erreichen des Zieles der Verringerung der Behandlung mit Arzneimitteln, die antibakteriell wirksame Stoffe enthalten, nicht gefährdet wird und
2. die Repräsentativität der Ermittlung der Kennzahlen der bundesweiten halbjährlichen Therapiehäufigkeit erhalten bleibt.

(2) Das Bundesministerium für Ernährung und Landwirtschaft wird ermächtigt, im Einvernehmen mit dem Bundesministerium durch Rechtsverordnung mit Zustimmung des Bundesrates

1. zum Zweck der Ermittlung des Medians und der Quartile der bundesweiten halbjährlichen Therapiehäufigkeit Anforderungen und Einzelheiten der Berechnung der Kennzahlen festzulegen,
2. die näheren Einzelheiten einschließlich des Verfahrens zur
   a) Auskunftserteilung nach § 58c Absatz 5,
   b) Löschung der Daten nach § 58c Absatz 6

zu regeln.

(3) Das Bundesministerium für Ernährung und Landwirtschaft wird ermächtigt, im Einvernehmen mit dem Bundesministerium durch Rechtsverordnung mit Zustimmung des Bundesrates die näheren Einzelheiten über

1. die Aufzeichnung nach § 58d Absatz 1 Nummer 2,
2. Inhalt und Umfang des in § 58d Absatz 2 Satz 1 Nummer 2 genannten Planes zur Verringerung der Behandlung mit Arzneimitteln, die antibakteriell wirksame Stoffe enthalten, sowie
3. die Anforderung an die Übermittlung einschließlich des Verfahrens nach § 58d Absatz 3 Satz 1

zu regeln.

(4) [1] Das Bundesministerium für Ernährung und Landwirtschaft wird ermächtigt, im Einvernehmen mit dem Bundesministerium durch Rechtsverordnung mit Zustimmung des Bundesrates Fische, die der Gewinnung von Lebensmitteln dienen, in den Anwendungsbereich der §§ 58a bis 58f und der zur Durchführung dieser Vorschriften erlassenen Rechtsverordnungen einzubeziehen, soweit dies für das Erreichen des Zieles der Verringerung der Behandlung mit Arzneimitteln, die antibakteriell wirksame Stoffe enthalten, erforderlich ist. [2] Eine Rechtsverordnung nach Satz 1 darf erstmals erlassen werden, wenn die Ergebnisse eines bundesweit durchgeführten behördlichen oder im Auftrag einer Behörde bundesweit durchgeführten Forschungsvorhabens über die Behandlung mit Arzneimitteln, die antibakteriell wirksame Stoffe enthalten, bei

Fischen, die der Gewinnung von Lebensmitteln dienen, im Bundesanzeiger veröffentlicht worden sind.

**§ 58f[1)] Verarbeitung und Übermittlung von Daten.** (1) Die nach den §§ 58a bis 58d erhobenen Daten dürfen ausschließlich zu folgenden Zwecken verarbeitet werden:

1. zur Ermittlung und Berechnung der Therapiehäufigkeit,
2. zur Überwachung der Einhaltung der §§ 58a bis 58d und zur Verfolgung und Ahndung von Verstößen gegen arzneimittelrechtliche Vorschriften und
3. zur Durchführung einer Risikobewertung nach § 58c Absatz 2 Satz 5 und für den Bericht nach § 58c Absatz 2 Satz 6.

(2) Die zuständige Behörde darf Daten nach den §§ 58a bis 58d an die für die Verfolgung von Verstößen zuständigen Behörden übermitteln, sofern sie Grund zu der Annahme hat, dass ein Verstoß gegen das Lebensmittel- und Futtermittelrecht, das Tierschutzrecht oder das Tierseuchenrecht vorliegt und soweit diese Daten für die Verfolgung des Verstoßes erforderlich sind.

**§ 58g[2)]** *(aufgehoben)*

**§ 59[3)] Klinische Prüfung und Rückstandsprüfung bei Tieren, die der Lebensmittelgewinnung dienen.** (1) Ein Arzneimittel im Sinne des § 2 Abs. 1 oder Abs. 2 Nr. 1 darf abweichend von § 56a Abs. 1 vom Hersteller oder in dessen Auftrag zum Zweck der klinischen Prüfung und der Rückstandsprüfung angewendet werden, wenn sich die Anwendung auf eine Prüfung beschränkt, die nach Art und Umfang nach dem jeweiligen Stand der wissenschaftlichen Erkenntnisse erforderlich ist.

(2) [1]Von den Tieren, bei denen diese Prüfungen durchgeführt werden, dürfen Lebensmittel nicht gewonnen werden. [2]Satz 1 gilt nicht, wenn die zuständige Bundesoberbehörde eine angemessene Wartezeit festgelegt hat. [3]Die Wartezeit muss

1. mindestens der Wartezeit nach der Verordnung über tierärztliche Hausapotheken entsprechen und gegebenenfalls einen Sicherheitsfaktor einschließen, mit dem die Art des Arzneimittels berücksichtigt wird, oder,
2. wenn Höchstmengen für Rückstände im Anhang der Verordnung (EU) Nr. 37/2010 festgelegt wurden, sicherstellen, dass diese Höchstmengen in den Lebensmitteln, die von den Tieren gewonnen werden, nicht überschritten werden.

[4]Der Hersteller hat der zuständigen Bundesoberbehörde Prüfungsergebnisse über Rückstände der angewendeten Arzneimittel und ihrer Umwandlungsprodukte in Lebensmitteln unter Angabe der angewandten Nachweisverfahren vorzulegen.

(3) Wird eine klinische Prüfung oder Rückstandsprüfung bei Tieren durchgeführt, die der Gewinnung von Lebensmitteln dienen, muss die Anzeige nach § 67 Abs. 1 Satz 1 zusätzlich folgende Angaben enthalten:

---

[1)] § 58f neu gef. mWv 1.11.2021 durch G v. 10.8.2021 (BGBl. I S. 3519).
[2)] § 58g aufgeh. mWv 1.11.2021 durch G v. 10.8.2021 (BGBl. I S. 3519).
[3)] § 59 Abs. 2 Satz 3 Nr. 1 und 2 geänd. mWv 31.5.2011 durch G v. 25.5.2011 (BGBl. I S. 946).

1. Name und Anschrift des Herstellers und der Personen, die in seinem Auftrag Prüfungen durchführen,
2. Art und Zweck der Prüfung,
3. Art und Zahl der für die Prüfung vorgesehenen Tiere,
4. Ort, Beginn und voraussichtliche Dauer der Prüfung,
5. Angaben zur vorgesehenen Verwendung der tierischen Erzeugnisse, die während oder nach Abschluss der Prüfung gewonnen werden.

(4) Über die durchgeführten Prüfungen sind Aufzeichnungen zu führen, die der zuständigen Behörde auf Verlangen vorzulegen sind.

**§ 59a Verkehr mit Stoffen und Zubereitungen aus Stoffen.** (1) [1] Personen, Betriebe und Einrichtungen, die in § 47 Abs. 1 aufgeführt sind, dürfen Stoffe oder Zubereitungen aus Stoffen, die auf Grund einer Rechtsverordnung nach § 6 bei der Herstellung von Arzneimitteln für Tiere nicht verwendet werden dürfen, zur Herstellung solcher Arzneimittel oder zur Anwendung bei Tieren nicht erwerben und für eine solche Herstellung oder Anwendung nicht anbieten, lagern, verpacken, mit sich führen oder in den Verkehr bringen. [2] Tierhalter sowie andere Personen, Betriebe und Einrichtungen, die in § 47 Abs. 1 nicht aufgeführt sind, dürfen solche Stoffe oder Zubereitungen nicht erwerben, lagern, verpacken oder mit sich führen, es sei denn, dass sie für eine durch Rechtsverordnung nach § 6 nicht verbotene Herstellung oder Anwendung bestimmt sind.

(2) [1] Tierärzte dürfen Stoffe oder Zubereitungen aus Stoffen, die nicht für den Verkehr außerhalb der Apotheken freigegeben sind, zur Anwendung bei Tieren nur beziehen und solche Stoffe oder Zubereitungen dürfen an Tierärzte nur abgegeben werden, wenn sie als Arzneimittel zugelassen sind oder sie auf Grund des § 21 Abs. 2 Nr. 3 oder 5 oder auf Grund einer Rechtsverordnung nach § 36 ohne Zulassung in den Verkehr gebracht werden dürfen. [2] Tierhalter dürfen sie für eine Anwendung bei Tieren nur erwerben oder lagern, wenn sie von einem Tierarzt als Arzneimittel verschrieben oder durch einen Tierarzt abgegeben worden sind. [3] Andere Personen, Betriebe und Einrichtungen, die in § 47 Abs. 1 nicht aufgeführt sind, dürfen durch Rechtsverordnung nach § 48 bestimmte Stoffe oder Zubereitungen aus Stoffen nicht erwerben, lagern, verpacken, mit sich führen oder in den Verkehr bringen, es sei denn, dass die Stoffe oder Zubereitungen für einen anderen Zweck als zur Anwendung bei Tieren bestimmt sind.

(3) Die futtermittelrechtlichen Vorschriften bleiben unberührt.

**§ 59b Stoffe zur Durchführung von Rückstandskontrollen.** [1] Der pharmazeutische Unternehmer hat für Arzneimittel, die zur Anwendung bei Tieren bestimmt sind, die der Gewinnung von Lebensmitteln dienen, der zuständigen Behörde die zur Durchführung von Rückstandskontrollen erforderlichen Stoffe auf Verlangen in ausreichender Menge gegen eine angemessene Entschädigung zu überlassen. [2] Für Arzneimittel, die von dem pharmazeutischen Unternehmer nicht mehr in den Verkehr gebracht werden, gelten die Verpflichtungen nach Satz 1 bis zum Ablauf von drei Jahren nach dem Zeitpunkt des letztmaligen Inverkehrbringens durch den pharmazeutischen Unternehmer, höchstens jedoch bis zu dem nach § 10 Abs. 7 angegebenen Verfalldatum der zuletzt in Verkehr gebrachten Charge.

**§ 59c Nachweispflichten für Stoffe, die als Tierarzneimittel verwendet werden können.** [1]Betriebe und Einrichtungen, die Stoffe oder Zubereitungen aus Stoffen, die als Tierarzneimittel oder zur Herstellung von Tierarzneimitteln verwendet werden können und anabole, infektionshemmende, parasitenabwehrende, entzündungshemmende, hormonale oder psychotrope Eigenschaften aufweisen, herstellen, lagern, einführen oder in den Verkehr bringen, haben Nachweise über den Bezug oder die Abgabe dieser Stoffe oder Zuberei-

*(Fortsetzung nächstes Blatt)*

Absatz 1 Satz 1 Nummer 5 folgenden Verlängerung der Zulassung oder Registrierung oder, soweit sie von der Zulassung freigestellt sind, oder, soweit sie keiner Verlängerung bedürfen, zwei Jahre, oder, soweit sie nach § 38 registrierte oder nach § 38 oder § 39 Absatz 3 von der Registrierung freigestellte Arzneimittel sind, fünf Jahre nach der Bekanntmachung nach § 11 Absatz 1b zu dem Standardtext nach § 11 Absatz 1 Satz 1 Nummer 5 vom pharmazeutischen Unternehmer entsprechend der Vorschrift des § 11 in den Verkehr gebracht werden. [2]Bis zu den jeweiligen Zeitpunkten nach Satz 1 dürfen Arzneimittel vom pharmazeutischen Unternehmer, nach diesen Zeitpunkten weiter von Groß- und Einzelhändlern mit einer Packungsbeilage in den Verkehr gebracht werden, die der bis zum 26. Oktober 2012 geltenden Vorschrift entspricht.

(2a) Wer am 26. Oktober 2012 Arzneimittel nach § 13 Absatz 2a Satz 2 Nummer 1 oder 3 herstellt, hat dies der zuständigen Behörde nach § 13 Absatz 2a Satz 3 bis zum 26. Februar 2013 anzuzeigen.

(3) Der pharmazeutische Unternehmer hat hinsichtlich der Aufnahme des Standardtextes nach § 11a Absatz 1 Satz 3 für Fertigarzneimittel, die sich am 26. Oktober 2012 im Verkehr befinden, mit dem ersten nach der Bekanntmachung nach § 11a Absatz 1 Satz 9 zu dem Standardtext nach § 11a Absatz 1 Satz 3 gestellten Antrag auf Verlängerung der Zulassung der zuständigen Bundesoberbehörde den Wortlaut der Fachinformation vorzulegen, die § 11a entspricht; soweit diese Arzneimittel keiner Verlängerung bedürfen, gilt die Verpflichtung zwei Jahre nach der Bekanntmachung.

(4) Für Zulassungen oder Registrierungen, deren fünfjährige Geltungsdauer bis zum 26. Oktober 2013 endet, gilt weiterhin die Frist des § 31 Absatz 1 Satz 1 Nummer 3, des § 39 Absatz 2c und des § 39c Absatz 3 Satz 1 in der bis zum 26. Oktober 2012 geltenden Fassung.

(5) Die Verpflichtung nach § 22 Absatz 2 Satz 1 Nummer 5a gilt nicht für Arzneimittel, die vor dem 26. Oktober 2012 zugelassen worden sind oder für die ein ordnungsgemäßer Zulassungsantrag bereits vor dem 26. Oktober 2012 gestellt worden ist.

(6) Wer die Tätigkeit des Großhandels bis zum 26. Oktober 2012 befugt ausübt und bis zum 26. Februar 2013 einen Antrag auf Erteilung einer Erlaubnis zum Betrieb eines Großhandels mit Arzneimitteln gestellt hat, darf abweichend von § 52a Absatz 1 bis zur Entscheidung über den gestellten Antrag die Tätigkeit des Großhandels mit Arzneimitteln ausüben; § 52a Absatz 3 Satz 2 bis 3 findet keine Anwendung.

(7) [1]Die Verpflichtung nach § 63b Absatz 2 Nummer 3 gilt für Arzneimittel, die vor dem 26. Oktober 2012 zugelassen wurden, ab dem 21. Juli 2015 oder, falls dies früher eintritt, ab dem Datum, an dem die Zulassung verlängert wird. [2]Die Verpflichtung nach § 63b Absatz 2 Nummer 3 gilt für Arzneimittel, für die vor dem 26. Oktober 2012 ein ordnungsgemäßer Zulassungsantrag gestellt worden ist, ab dem 21. Juli 2015.

(8) Die §§ 63f und 63g finden Anwendung auf Prüfungen, die nach dem 26. Oktober 2012 begonnen wurden.

(9) Wer am 2. Januar 2013 eine Tätigkeit als Arzneimittelvermittler befugt ausübt und seine Tätigkeit bei der zuständigen Behörde bis zum 2. Mai 2013 anzeigt, darf diese Tätigkeit bis zur Entscheidung über die Registrierung nach § 52c weiter ausüben.

(10) Betriebe und Einrichtungen, die sonst mit Wirkstoffen Handel treiben, müssen ihre Tätigkeit bis zum 26. April 2013 bei der zuständigen Behörde anzeigen.

(11) Wer zum Zweck des Einzelhandels Arzneimittel, die zur Anwendung bei Menschen bestimmt sind, im Wege des Versandhandels über das Internet anbietet, muss seine Tätigkeit unter Angabe der in § 67 Absatz 8 erforderlichen Angaben bis zum 24. März 2017 bei der zuständigen Behörde anzeigen.

(12) Die in § 94 Absatz 1 Satz 3 Nummer 1 genannten Anforderungen finden für Rückversicherungsverträge ab dem 1. Januar 2014 Anwendung.

### Neunzehnter Unterabschnitt.[1] Übergangsvorschrift

**§ 147[1] Übergangsvorschrift aus Anlass des Dritten Gesetzes zur Änderung arzneimittelrechtlicher und anderer Vorschriften.** Für nichtinterventionelle Unbedenklichkeitsprüfungen nach § 63f und Untersuchungen nach § 67 Absatz 6, die vor dem 13. August 2013 begonnen wurden, finden § 63f Absatz 4 und § 67 Absatz 6 bis zum 31. Dezember 2013 in der bis zum 12. August 2013 geltenden Fassung Anwendung.

### Einundzwanzigster Unterabschnitt.[2] Übergangsvorschrift

**§ 149[2] Übergangsvorschrift aus Anlass des Siebzehnten Gesetzes zur Änderung des Arzneimittelgesetzes.** (1) [1]Die in Anlage 2 genannten Daten, die die zuständige Behörde im Zeitraum vom 1. Januar 2018 bis zum 31. Oktober 2021 erhoben und ermittelt hat, übermittelt sie bis 1. Februar 2022 dem Bundesinstitut für Risikobewertung zum Zweck der Durchführung einer Risikobewertung auf dem Gebiet der Antibiotikaresistenz. [2]§ 58c Absatz 2 Satz 3 und 4 gilt entsprechend.

(2) [1]Das Bundesinstitut für Risikobewertung führt auf der Grundlage der ihm nach Absatz 1 übermittelten Daten eine Risikobewertung durch. [2]Über die Risikobewertung erstellt es einen Bericht. [3]Den Bericht veröffentlicht es bis zum 1. Oktober 2022.

(3) [1]Auf der Grundlage der in Anlage 2 genannten Daten, die die zuständige Behörde im Zeitraum vom 1. November 2021 bis zum 31. Dezember 2021 erhoben und ermittelt hat, führt das Bundesinstitut für Risikobewertung eine Risikobewertung durch. [2]Über die Risikobewertung erstellt es einen Bericht. [3]Den Bericht veröffentlicht es bis zum 31. August 2022.

---

[1] 19. UAbschnitt (§ 147) angef. mWv 13.8.2013 durch G v. 7.8.2013 (BGBl. I S. 3108).
[2] 21. UAbschnitt (§ 149) angef. mWv 1.11.2021 durch G v. 10.8.2021 (BGBl. I S. 3519).

**Anlage 1**[1)]
(zu § 6)

### [Stoffe, Zubereitungen aus Stoffen oder Gegenstände bei der Herstellung von Arzneimitteln gemäß § 6]

Aflatoxine
Ethylenoxid
Farbstoffe
Frischzellen
Stoffe, Zubereitungen aus Stoffen oder Gegenstände tierischer Herkunft mit dem Risiko der Übertragung transmissibler spongiformer Enzephalopathien

**Anlage 2**[2)]
(zu § 58c Absatz 2 Satz 2)

### Dem Bundesinstitut für Risikobewertung zum Zweck der Durchführung einer Risikobewertung mitzuteilende Daten

1. Pseudonymisierte Angabe der Registriernummer des Tierhaltungsbetriebs (§ 58a Absatz 1 Satz 2 Nummer 2),
2. Angabe der Tierart (§ 58a Absatz 1 Satz 1 in Verbindung mit § 58a Absatz 2),
3. Angabe der Nutzungsart (§ 58a Absatz 1 Satz 2 Nummer 3),
4. Angabe der Anzahl der gehaltenen Tiere (§ 58c Absatz 1 Nummer 2),
5. Angaben nach § 58b Absatz 1 Satz 1 Nummer 1 bis 5:
   a) die Bezeichnung des angewendeten Arzneimittels,
   b) die Anzahl und die Art der behandelten Tiere,
   c) die Anzahl der Behandlungstage (vorbehaltlich des § 58b Absatz 3) und das Datum der ersten Anwendung oder das Abgabedatum des Arzneimittels,
   d) die insgesamt angewendete Menge von Arzneimitteln, die antibakteriell wirksame Stoffe enthalten,
   e) für jedes Halbjahr die Anzahl der Tiere der jeweiligen Tierart, die
      aa) in jedem Halbjahr zu Beginn im Betrieb gehalten worden sind,
      bb) im Verlauf eines jeden Halbjahres in den Betrieb aufgenommen worden sind, mit Angabe des Datums der Aufnahme der Tiere,
      cc) im Verlauf eines jeden Halbjahres aus dem Betrieb abgegeben worden sind, mit Angabe des Datums der Abgabe der Tiere,
6. Angaben nach § 58b Absatz 1 Satz 3:
   Mitteilung, keine Arzneimittel angewendet zu haben, die antibakteriell wirksame Stoffe enthalten,
7. Angaben nach § 58b Absatz 2 Satz 1 Nummer 1 bis 5, falls durch diese Angaben die Angaben nach § 58b Absatz 1 Satz 1 Nummer 1 bis 4 ersetzt worden sind:
   a) die Bezeichnung des für die Behandlung vom Tierarzt erworbenen oder verschriebenen Arzneimittels,
   b) die Anzahl und Art der Tiere, für die eine Behandlungsanweisung des Tierarztes ausgestellt worden ist,
   c) die Identität der Tiere, für die eine Behandlungsanweisung des Tierarztes ausgestellt worden ist, sofern sich aus der Angabe die Nutzungsart ergibt,
   d) vorbehaltlich des § 58b Absatz 3 die Dauer der verordneten Behandlung in Tagen und das Datum der ersten Anwendung oder das Abgabedatum des Arzneimittels,
   e) die vom Tierarzt insgesamt angewendete oder abgegebene Menge des Arzneimittels,
8. Angabe des Halbjahres, in dem die Behandlung erfolgt ist (§ 58b Absatz 1 Satz 4),

---

[1)] Anl. angef. mWv 16.8.2019 durch G v. 9.8.2019 (BGBl. I S. 1202); Anl. wird Anl. 1 mWv 1.11. 2021 durch G v. 10.8.2021 (BGBl. I S. 3519).

[2)] Anl. 2 angef. mWv 1.11.2021 durch G v. 10.8.2021 (BGBl. I S. 3519).

9. Angabe der von der zuständigen Behörde für jedes Halbjahr ermittelten betrieblichen halbjährlichen Therapiehäufigkeit, bezogen auf den einzelnen Tierhaltungsbetrieb unter pseudonymisierter Angabe des Betriebs (§ 58c Absatz 1).

## **Anhang.**[1] *(aufgehoben)*

[1] Anh. aufgeh. mWv 18.12.2015 durch G v. 10.12.2015 (BGBl. I S. 2210).

# 285. Gesetz zur Verhütung und Bekämpfung von Infektionskrankheiten beim Menschen (Infektionsschutzgesetz – IfSG)[1) 2) 3) 4)]

Vom 20. Juli 2000
(BGBl. I S. 1045)

**FNA 2126-13**

geänd. durch Art. 2a Drittes G zur Änd. des HeimG v. 5.11.2001 (BGBl. I S. 2960), Art. 11 § 3 LebensmittelsicherheitNeuordnungsG v. 6.8.2002 (BGBl. I S. 3082), Art. 39 Achte ZuständigkeitsanpassungsVO v. 25.11.2003 (BGBl. I S. 2304), Art. 19 Drittes G für moderne Dienstleistungen am Arbeitsmarkt v. 23.12.2003 (BGBl. I S. 2848), Art. 12 Viertes G für moderne Dienstleistungen am Arbeitsmarkt v. 24.12.2003 (BGBl. I S. 2954), Art. 2b Vierzehntes G zur Änd. des ArzneimittelG v. 29.8.2005 (BGBl. I S. 2570), § 3 Abs. 4 G über den Übergang auf das neue Lebensmittel- und Futtermittelrecht v. 1.9.2005 (BGBl. I S. 2618), Art. 9 G zur Förderung ganzjähriger Beschäftigung v. 24.4.2006 (BGBl. I S. 926), Art. 5 G zur Änd. von Vorschriften des Sozialen Entschädigungsrechts und des G über einen Ausgleich für Dienstbeschädigungen im Beitrittsgebiet v. 19.6.2006 (BGBl. I S. 1305), Art. 57 Neunte ZuständigkeitsanpassungsVO v. 31.10.2006 (BGBl. I S. 2407), Art. 6 Abs. 1 GewebeG v. 20.7.2007 (BGBl. I S. 1574), Art. 3 G zu den Internationalen Gesundheitsvorschriften (2005) (IGV) v. 20.7.2007 (BGBl. II S. 930 iVm Bek. v. 1.10.2007, BGBl. II S. 1528), Art. 2 G zur Änd. des BundesversorgungsG und anderer Vorschriften des Sozialen Entschädigungsrechts v. 13.12. 2007 (BGBl. I S. 2904), Art. 16 FGG-ReformG v. 17.12.2008 (BGBl. I S. 2586), Art. 13 G zur Änd. arzneimittelrechtlicher und anderer Vorschriften v. 17.7.2009 (BGBl. I S. 1990), Art. 2a G zur Umsetzung der DienstleistungsRL im Gewerberecht und in weiteren Rechtsvorschriften v. 17.7.2009 (BGBl. I S. 2091), Art. 5 G zur Änd. des BundesversorgungsG und anderer Vorschriften v. 20.6.2011 (BGBl. I S. 1114), Art. 1 G zur Änd. des InfektionsschutzG und weiterer Gesetze v. 28.7.2011 (BGBl. I S. 1622, geänd. durch G v. 10.12.2015, BGBl. I S. 2229), Art. 3 Gesetz zur Durchführung der Internationalen Gesundheitsvorschriften (2005) und zur Änd. weiterer Gesetze v. 21.3.2013 (BGBl. I S. 566), Art. 5 Abs. 2 G zur Umsetzung des Seearbeitsübereinkommens 2006 der Internationalen Arbeitsorganisation v. 20.4.2013 (BGBl. I S. 868), Art. 2 Abs. 36, Art. 4 Abs. 21 G zur Strukturreform des Gebührenrechts des Bundes v. 7.8.2013 (BGBl. I S. 3154, Art. 4 Abs. 21 dieses G aufgeh. durch Art. 2 G v. 18.7.2016, BGBl. I S. 1666), Art. 8 PräventionsG v. 17.7.2015 (BGBl. I S. 1368), Art. 70 Zehnte ZuständigkeitsanpassungsVO v. 31.8.2015 (BGBl. I S. 1474), Art. 6a KrankenhausstrukturG v. 10.12.2015 (BGBl. I S. 2229), Art. 41 Zweites G über die weitere Bereinigung von Bundesrecht v. 8.7.2016 (BGBl. I S. 1594), Art. 4 Abs. 20 G zur Aktualisierung der Strukturreform des Gebührenrechts des Bundes v. 18.7.2016 (BGBl. I S. 1666, geänd. durch G v. 17.7.2017, BGBl. I S. 2615), Art. 1 G zur Modernisierung der epidemiologischen Überwachung übertragbarer Krankheiten v. 17.7.2017 (BGBl. I S. 2615), Art. 6 Pflegepersonal-StärkungsG v. 11.12.2018 (BGBl. I S. 2394), Art. 14b Terminservice- und VersorgungsG v. 6.5.2019 (BGBl. I S. 646), Art. 31 Bundeswehr-EinsatzbereitschaftsstärkungsG v. 4.8.2019 (BGBl. I S. 1147), Art. 18a G für mehr Sicherheit in der Arzneimittelversorgung v. 9.8.2019 (BGBl. I S. 1202), Art. 30 Zweites Datenschutz-Anpassungs- und UmsetzungsG EU v. 20.11.2019 (BGBl. I S. 1626), Art. 46 G zur Regelung des Sozialen Entschädigungsrechts v. 12.12.2019 (BGBl. I S. 2652), Art. 1 MasernschutzG v. 10.2.2020 (BGBl. I S. 148), Art. 1, 2, 3 G zum Schutz der Bevölkerung bei einer epidemischen Lage von nationaler Tragweite v. 27.3.2020 (BGBl. I S. 587, geänd. durch G v. 18.11.2020, BGBl. I S. 2397,

---

[1)] Verkündet als Art. 1 SeuchenrechtsneuordnungsG v. 20.7.2000 (BGBl. I S. 1045); Inkrafttreten gem. Art. 5 Abs. 1 Satz 1 dieses G am 1.1.2001 mit Ausnahme von §§ 37 und 38, die gem. Art. 5 Abs. 2 dieses G am 26.7.2000 in Kraft getreten sind.

[2)] Die Änderungen durch G v. 12.12.2019 (BGBl. I S. 2652) treten erst **mWv 1.1.2024** in Kraft und sind im Text noch nicht berücksichtigt.

[3)] Die Änderungen durch G v. 27.9.2021 (BGBl. I S. 4530) treten erst **mWv 28.1.2022** in Kraft und sind im Text noch nicht berücksichtigt.

[4)] Zu abweichendem Landesrecht siehe:
- **Baden-Württemberg:** Abweichungen im PolizeiG mWv 29.11.2012; vgl. Hinweis v. 21.12.2012 (BGBl. I S. 2726)
- **Bremen:** Abweichungen im Infektionskrankheiten-BehandlungsG mWv 26.3.2015; vgl. Hinweis v. 18.5.2015 (BGBl. I S. 700).

geänd. durch G v. 29.3.2021 BGBl. I S. 370), Art. 1, 2 Zweites G zum Schutz der Bevölkerung bei einer epidemischen Lage von nationaler Tragweite v. 19.5.2020 (BGBl. I S. 1018, geänd. durch G v. 18.11.2020, BGBl. I S. 2397), Art. 98 Elfte ZuständigkeitsanpassungsVO v. 19.6.2020 (BGBl. I S. 1328), Art. 5 Corona-SteuerhilfeG v. 19.6.2020 (BGBl. I S. 1385), Art. 1, 2 Drittes G zum Schutz der Bevölkerung bei einer epidemischen Lage von nationaler Tragweite v. 18.11.2020 (BGBl. I S. 2397, geänd. durch G v. 29.3.2021 BGBl. I S. 370), Art. 4a G über eine einmalige Sonderzahlung aus Anlass der COVID-19-Pandemie an Besoldungs- und Wehrsoldempfänger v. 21.12.2020 (BGBl. I S. 3136), Art. 1 G zur Fortgeltung der die epidemische Lage von nationaler Tragweite betreffenden Regelungen v. 29.3.2021 (BGBl. I S. 370), Art. 1 Viertes G zum Schutz der Bevölkerung bei einer epidemischen Lage von nationaler Tragweite v. 22.4.2021 (BGBl. I S. 802), Art. 6 G zur Verbesserung des Schutzes von Gerichtsvollziehern vor Gewalt sowie zur Änd. weiterer zwangsvollstreckungsrechtlicher Vorschriften und zur Änd. des InfektionsschutzG v. 7.5.2021 (BGBl. I S. 850), Art. 1 Zweites G zur Änd. des InfektionsschutzG und weiterer Gesetze v. 28.5.2021 (BGBl. I S. 1174), Art. 9 G zur Vereinheitlichung des Stiftungsrechts und zur Änd. des InfektionsschutzG v. 16.7.2021 (BGBl. I S. 2947), Art. 6 Viertes G zur Änd. des Lebensmittel- und Futtermittelgesetzbuches sowie anderer Vorschriften v. 27.7.2021 (BGBl. I S. 3274), Art. 12 AufbauhilfeG 2021 v. 10.9.2021 (BGBl. I S. 4147) und Art. 8 Abs. 8 G zum Erlass eines Tierarzneimittelgesetzes und zur Anpassung arzneimittelrechtlicher und anderer Vorschriften v. 27.9.2021 (BGBl. I S. 4530)

## Inhaltsübersicht[1]


### 1. Abschnitt. Allgemeine Vorschriften

§ 1 Zweck des Gesetzes
§ 2 Begriffsbestimmungen
§ 3 Prävention durch Aufklärung

### 2. Abschnitt. Koordinierung und epidemische Lage von nationaler Tragweite

§ 4 Aufgaben des Robert Koch-Instituts
§ 5 Epidemische Lage von nationaler Tragweite
§ 5a Ausübung heilkundlicher Tätigkeiten bei Vorliegen einer epidemischen Lage von nationaler Tragweite, Verordnungsermächtigung
§ 5b Schutzmasken in der Nationalen Reserve Gesundheitsschutz

### 3. Abschnitt. Überwachung

§ 6 Meldepflichtige Krankheiten
§ 7 Meldepflichtige Nachweise von Krankheitserregern
§ 8 Zur Meldung verpflichtete Personen
§ 9 Namentliche Meldung
§ 10 Nichtnamentliche Meldung
§ 11 Übermittlung an die zuständige Landesbehörde und an das Robert Koch-Institut
§ 12 Übermittlungen und Mitteilungen auf Grund völker- und unionsrechtlicher Vorschriften
§ 12a *(aufgehoben)*
§ 13 Weitere Formen der epidemiologischen Überwachung; Verordnungsermächtigung
§ 14 Elektronisches Melde- und Informationssystem; Verordnungsermächtigung
§ 15 Anpassung der Meldepflicht an die epidemische Lage

### 4. Abschnitt. Verhütung übertragbarer Krankheiten

§ 15a Durchführung der infektionshygienischen und hygienischen Überwachung
§ 16 Allgemeine Maßnahmen zur Verhütung übertragbarer Krankheiten
§ 17 Besondere Maßnahmen zur Verhütung übertragbarer Krankheiten, Verordnungsermächtigung
§ 18 Behördlich angeordnete Maßnahmen zur Desinfektion und zur Bekämpfung von Gesundheitsschädlingen, Krätzmilben und Kopfläusen; Verordnungsermächtigung


*(Fortsetzung nächstes Blatt)*

[1] Inhaltsübersicht zuletzt geänd. mWv 1.6.2021 durch G v. 28.5.2021 (BGBl. I S. 1174).

(2) Wird festgestellt, dass eine Person in einer Gemeinschaftseinrichtung an Masern erkrankt, dessen verdächtig oder ansteckungsverdächtig ist, kann die zuständige Behörde Personen, die weder einen Impfschutz, der den Empfehlungen der Ständigen Impfkommission entspricht, noch eine Immunität gegen Masern durch ärztliches Zeugnis nachweisen können, die in § 34 Absatz 1 Satz 1 und 2 genannten Verbote erteilen, bis eine Weiterverbreitung der Krankheit in der Gemeinschaftseinrichtung nicht mehr zu befürchten ist.

(3) Für Maßnahmen nach den Absätzen 1 und 2 gilt § 16 Abs. 5 bis 8, für ihre Überwachung außerdem § 16 Abs. 2 entsprechend.

**§ 28a[1] Besondere Schutzmaßnahmen zur Verhinderung der Verbreitung der Coronavirus-Krankheit-2019 (COVID-19)** (1) Notwendige Schutzmaßnahmen im Sinne des § 28 Absatz 1 Satz 1 und 2 zur Verhinderung der Verbreitung der Coronavirus-Krankheit-2019 (COVID-19) können für die Dauer der Feststellung einer epidemischen Lage von nationaler Tragweite nach § 5 Absatz 1 Satz 1 durch den Deutschen Bundestag insbesondere sein

1. Anordnung eines Abstandsgebots im öffentlichen Raum,
2. Verpflichtung zum Tragen einer Mund-Nasen-Bedeckung (Maskenpflicht),

2a. Verpflichtung zur Vorlage eines Impf-, Genesenen- oder Testnachweises.[2]

3. Ausgangs- oder Kontaktbeschränkungen im privaten sowie im öffentlichen Raum,
4. Verpflichtung zur Erstellung und Anwendung von Hygienekonzepten für Betriebe, Einrichtungen oder Angebote mit Publikumsverkehr,
5. Untersagung oder Beschränkung von Freizeitveranstaltungen und ähnlichen Veranstaltungen,
6. Untersagung oder Beschränkung des Betriebs von Einrichtungen, die der Freizeitgestaltung zuzurechnen sind,
7. Untersagung oder Beschränkung von Kulturveranstaltungen oder des Betriebs von Kultureinrichtungen,
8. Untersagung oder Beschränkung von Sportveranstaltungen und der Sportausübung,
9. umfassendes oder auf bestimmte Zeiten beschränktes Verbot der Alkoholabgabe oder des Alkoholkonsums auf bestimmten öffentlichen Plätzen oder in bestimmten öffentlich zugänglichen Einrichtungen,
10. Untersagung von oder Erteilung von Auflagen für das Abhalten von Veranstaltungen, Ansammlungen, Aufzügen, Versammlungen sowie religiösen oder weltanschaulichen Zusammenkünften,
11. Untersagung oder Beschränkung von Reisen; dies gilt insbesondere für touristische Reisen,
12. Untersagung oder Beschränkung von Übernachtungsangeboten,
13. Untersagung oder Beschränkung des Betriebs von gastronomischen Einrichtungen,

---

[1] § 28a eingef. mWv 19.11.2020 durch G v. 18.11.2020 (BGBl. I S. 2397); Abs. 3 Sätze 1, 8 geänd., Satz 12 eingef., bish. Satz 12 wird Satz 13 mWv 31.3.2021 durch G v. 29.3.2021 (BGBl. I S. 370); Abs. 1 Nr. 2a eingef., Abs. 3 Sätze 2–8 neu gef., Sätze 9–13 aufgeh., Abs. 7 Satz 1 geänd., Satz 2 angef. mWv 15.9.2021 durch G v. 10.9.2021 (BGBl. I S. 4147).

[2] Zeichensetzung amtlich.

14. Schließung oder Beschränkung von Betrieben, Gewerben, Einzel- oder Großhandel,
15. Untersagung oder Beschränkung des Betretens oder des Besuchs von Einrichtungen des Gesundheits- oder Sozialwesens,
16. Schließung von Gemeinschaftseinrichtungen im Sinne von § 33, Hochschulen, außerschulischen Einrichtungen der Erwachsenenbildung oder ähnlichen Einrichtungen oder Erteilung von Auflagen für die Fortführung ihres Betriebs oder
17. Anordnung der Verarbeitung der Kontaktdaten von Kunden, Gästen oder Veranstaltungsteilnehmern, um nach Auftreten einer Infektion mit dem Coronavirus SARS-CoV-2 mögliche Infektionsketten nachverfolgen und unterbrechen zu können.

(2) [1] Die Anordnung der folgenden Schutzmaßnahmen nach Absatz 1 in Verbindung mit § 28 Absatz 1 ist nur zulässig, soweit auch bei Berücksichtigung aller bisher getroffenen anderen Schutzmaßnahmen eine wirksame Eindämmung der Verbreitung der Coronavirus-Krankheit-2019 (COVID-19) erheblich gefährdet wäre:

1. Untersagung von Versammlungen oder Aufzügen im Sinne von Artikel 8 des Grundgesetzes[1)] und von religiösen oder weltanschaulichen Zusammenkünften nach Absatz 1 Nummer 10,
2. Anordnung einer Ausgangsbeschränkung nach Absatz 1 Nummer 3, nach der das Verlassen des privaten Wohnbereichs nur zu bestimmten Zeiten oder zu bestimmten Zwecken zulässig ist, und
3. Untersagung des Betretens oder des Besuchs von Einrichtungen im Sinne von Absatz 1 Nummer 15, wie zum Beispiel Alten- oder Pflegeheimen, Einrichtungen der Behindertenhilfe, Entbindungseinrichtungen oder Krankenhäusern für enge Angehörige von dort behandelten, gepflegten oder betreuten Personen.

[2] Schutzmaßnahmen nach Absatz 1 Nummer 15 dürfen nicht zur vollständigen Isolation von einzelnen Personen oder Gruppen führen; ein Mindestmaß an sozialen Kontakten muss gewährleistet bleiben.

(3) [1] Entscheidungen über Schutzmaßnahmen zur Verhinderung der Verbreitung der Coronavirus-Krankheit-2019 (COVID-19) nach Absatz 1 in Verbindung mit § 28 Absatz 1, nach § 28 Absatz 1 Satz 1 und 2 und den §§ 29 bis 32 sind insbesondere an dem Schutz von Leben und Gesundheit und der Funktionsfähigkeit des Gesundheitssystems auszurichten; dabei sind absehbare Änderungen des Infektionsgeschehens durch ansteckendere, das Gesundheitssystem stärker belastende Virusvarianten zu berücksichtigen. [2] Zum präventiven Infektionsschutz können insbesondere die in Absatz 1 Nummer 1, 2, 2a, 4 und 17 genannten Schutzmaßnahmen ergriffen werden. [3] Weitergehende Schutzmaßnahmen sollen unter Berücksichtigung des jeweiligen regionalen und überregionalen Infektionsgeschehens mit dem Ziel getroffen werden, eine drohende Überlastung der regionalen und überregionalen stationären Versorgung zu vermeiden. [4] Wesentlicher Maßstab für die weitergehenden Schutzmaßnahmen ist insbesondere die Anzahl der in Bezug auf die Coronavirus-Krankheit-2019 (COVID-19) in ein Krankenhaus aufgenommenen Personen je 100 000 Einwohner innerhalb von sieben Tagen. [5] Weitere Indikatoren wie

---

[1)] **Sartorius Nr. 1.**

die unter infektionsepidemiologischen Aspekten differenzierte Anzahl der Neuinfektionen mit dem Coronavirus SARS-CoV-2 je 100 000 Einwohner innerhalb von sieben Tagen, die verfügbaren intensivmedizinischen Behandlungskapazitäten und die Anzahl der gegen die Coronavirus-Krankheit-2019 (COVID-19) geimpften Personen sollen bei der Bewertung des Infektionsgeschehens berücksichtigt werden. [6]Die Landesregierungen können im Rahmen der Festlegung der Schutzmaßnahmen unter Berücksichtigung der jeweiligen stationären Versorgungskapazitäten in einer Rechtsverordnung nach § 32 Schwellenwerte für die Indikatoren nach den Sätzen 4 und 5 festsetzen; entsprechend können die Schutzmaßnahmen innerhalb eines Landes regional differenziert werden. [7]Das Robert Koch-Institut veröffentlicht im Internet unter https://www.rki.de/covid-19-trends werktäglich nach Altersgruppen differenzierte und mindestens auf einzelne Länder und auf das Bundesgebiet bezogene Daten zu Indikatoren nach den Sätzen 4 und 5. [8]Die Länder können die Indikatoren nach den Sätzen 4 und 5 landesweit oder regional differenziert auch statt bezogen auf 100 000 Einwohner bezogen auf das Land oder die jeweilige Region als Maßstab verwenden.

(4) [1]Im Rahmen der Kontaktdatenerhebung nach Absatz 1 Nummer 17 dürfen von den Verantwortlichen nur personenbezogene Angaben sowie Angaben zum Zeitraum und zum Ort des Aufenthaltes erhoben und verarbeitet werden, soweit dies zur Nachverfolgung von Kontaktpersonen zwingend notwendig ist. [2]Die Verantwortlichen haben sicherzustellen, dass eine Kenntnisnahme der erfassten Daten durch Unbefugte ausgeschlossen ist. [3]Die Daten dürfen nicht zu einem anderen Zweck als der Aushändigung auf Anforderung an die nach Landesrecht für die Erhebung der Daten zuständigen Stellen verwendet werden und sind vier Wochen nach Erhebung zu löschen. [4]Die zuständigen Stellen nach Satz 3 sind berechtigt, die erhobenen Daten anzufordern, soweit dies zur Kontaktnachverfolgung nach § 25 Absatz 1 erforderlich ist. [5]Die Verantwortlichen nach Satz 1 sind in diesen Fällen verpflichtet, den zuständigen Stellen nach Satz 3 die erhobenen Daten zu übermitteln. [6]Eine Weitergabe der übermittelten Daten durch die zuständigen Stellen nach Satz 3 oder eine Weiterverwendung durch diese zu anderen Zwecken als der Kontaktnachverfolgung ist ausgeschlossen. [7]Die den zuständigen Stellen nach Satz 3 übermittelten Daten sind von diesen unverzüglich irreversibel zu löschen, sobald die Daten für die Kontaktnachverfolgung nicht mehr benötigt werden.

(5) [1]Rechtsverordnungen, die nach § 32 in Verbindung mit § 28 Absatz 1 und § 28a Absatz 1 erlassen werden, sind mit einer allgemeinen Begründung zu versehen und zeitlich zu befristen. [2]Die Geltungsdauer beträgt grundsätzlich vier Wochen; sie kann verlängert werden.

(6) [1]Schutzmaßnahmen nach Absatz 1 in Verbindung mit § 28 Absatz 1, nach § 28 Absatz 1 Satz 1 und 2 und nach den §§ 29 bis 31 können auch kumulativ angeordnet werden, soweit und solange es für eine wirksame Verhinderung der Verbreitung der Coronavirus-Krankheit-2019 (COVID-19) erforderlich ist. [2]Bei Entscheidungen über Schutzmaßnahmen zur Verhinderung der Verbreitung der Coronavirus-Krankheit-2019 (COVID-19) sind soziale, gesellschaftliche und wirtschaftliche Auswirkungen auf den Einzelnen und die Allgemeinheit einzubeziehen und zu berücksichtigen, soweit dies mit dem Ziel einer wirksamen Verhinderung der Verbreitung der Coronavirus-Krankheit-2019 (COVID-19) vereinbar ist. [3]Einzelne soziale, gesellschaftliche oder wirtschaftliche Bereiche, die für die Allgemeinheit von besonderer Bedeutung sind,

können von den Schutzmaßnahmen ausgenommen werden, soweit ihre Einbeziehung zur Verhinderung der Verbreitung der Coronavirus-Krankheit-2019 (COVID-19) nicht zwingend erforderlich ist.

(7) [1] Nach dem Ende einer durch den Deutschen Bundestag nach § 5 Absatz 1 Satz 1 festgestellten epidemischen Lage von nationaler Tragweite können die Absätze 1 bis 6 auch angewendet werden, soweit und solange die konkrete Gefahr der epidemischen Ausbreitung der Coronavirus-Krankheit-2019 (COVID-19) in einem Land besteht und das Parlament in dem betroffenen Land die Anwendbarkeit der Absätze 1 bis 6 für das Land feststellt. [2] Die Feststellung nach Satz 1 gilt als aufgehoben, sofern das Parlament in dem betroffenen Land nicht spätestens drei Monate nach der Feststellung nach Satz 1 die weitere Anwendbarkeit der Absätze 1 bis 6 für das Land feststellt; dies gilt entsprechend, sofern das Parlament in dem betroffenen Land nicht spätestens drei Monate nach der Feststellung der weiteren Anwendbarkeit der Absätze 1 bis 6 die weitere Anwendbarkeit der Absätze 1 bis 6 erneut feststellt.

**§ 28b[1)] Bundesweit einheitliche Schutzmaßnahmen zur Verhinderung der Verbreitung der Coronavirus-Krankheit-2019 (COVID-19) bei besonderem Infektionsgeschehen, Verordnungsermächtigung***(galt gem. Abs. 10 bis zum Ablauf des 30.6.2021)*

**§ 28c[2)] Verordnungsermächtigung für besondere Regelungen für Geimpfte, Getestete und vergleichbare Personen.** [1] Die Bundesregierung wird ermächtigt, durch Rechtsverordnung für Personen, bei denen von einer Immunisierung gegen das Coronavirus SARS-CoV-2 auszugehen ist oder die ein negatives Ergebnis eines Tests auf eine Infektion mit dem Coronavirus SARS-CoV-2 vorlegen können, Erleichterungen oder Ausnahmen von Geboten und Verboten nach dem fünften Abschnitt dieses Gesetzes oder von aufgrund der Vorschriften im fünften Abschnitt dieses Gesetzes erlassenen Gebo-

*(Fortsetzung nächstes Blatt)*

---

[1)] § 28b eingef. mWv 23.4.2021 durch G v. 22.4.2021 (BGBl. I S. 802); Abs. 3 neu gef., Abs. 9 Satz 3 angef. mWv 4.5.2021 durch G v. 28.5.2021 (BGBl. I S. 1174).

[2)] § 28c eingef. mWv 23.4.2021 durch G v. 22.4.2021 (BGBl. I S. 802); Satz 3 angef. mWv 8.5.2021 durch G v. 7.5.2021 (BGBl. I S. 850); Satz 3 geänd., Satz 4 angef. mWv 1.6.2021 durch G v. 28.5.2021 (BGBl. I S. 1174).

Impfkommission ausreichenden Impfschutz des Kindes erfolgt ist. [2]Wenn der Nachweis nicht erbracht wird, benachrichtigt die Leitung der Kindertageseinrichtung das Gesundheitsamt, in dessen Bezirk sich die Einrichtung befindet, und übermittelt dem Gesundheitsamt personenbezogene Angaben. [3]Das Gesundheitsamt kann die Personensorgeberechtigten zu einer Beratung laden. [4]Weitergehende landesrechtliche Regelungen bleiben unberührt.

(11) Bei Erstaufnahme in die erste Klasse einer allgemein bildenden Schule hat das Gesundheitsamt oder der von ihm beauftragte Arzt den Impfstatus zu erheben und die hierbei gewonnenen aggregierten und anonymisierten Daten über die oberste Landesgesundheitsbehörde dem Robert Koch-Institut zu übermitteln.

**§ 35 Belehrung für Personen in der Betreuung von Kindern und Jugendlichen.** [1]Personen, die in den in § 33 genannten Gemeinschaftseinrichtungen Lehr-, Erziehungs-, Pflege-, Aufsichts- oder sonstige regelmäßige Tätigkeiten ausüben und Kontakt mit den dort Betreuten haben, sind vor erstmaliger Aufnahme ihrer Tätigkeit und im Weiteren mindestens im Abstand von zwei Jahren von ihrem Arbeitgeber über die gesundheitlichen Anforderungen und Mitwirkungsverpflichtungen nach § 34 zu belehren. [2]Über die Belehrung ist ein Protokoll zu erstellen, das beim Arbeitgeber für die Dauer von drei Jahren aufzubewahren ist. [3]Die Sätze 1 und 2 finden für Dienstherren entsprechende Anwendung.

**§ 36[1)] Infektionsschutz bei bestimmten Einrichtungen, Unternehmen und Personen; Verordnungsermächtigung.** (1) Folgende Einrichtungen und Unternehmen müssen in Hygieneplänen innerbetriebliche Verfahrensweisen zur Infektionshygiene festlegen und unterliegen der infektionshygienischen Überwachung durch das Gesundheitsamt:

1. die in § 33 genannten Gemeinschaftseinrichtungen mit Ausnahme der Gemeinschaftseinrichtungen nach § 33 Nummer 2,
2. nicht unter § 23 Absatz 5 Satz 1 fallende voll- oder teilstationäre Einrichtungen zur Betreuung und Unterbringung älterer, behinderter oder pflegebedürftiger Menschen oder vergleichbare Einrichtungen,
3. Obdachlosenunterkünfte,
4. Einrichtungen zur gemeinschaftlichen Unterbringung von Asylbewerbern, vollziehbar Ausreisepflichtigen, Flüchtlingen und Spätaussiedlern,

---

[1)] § 36 Abs. 1 Satz 1 und Abs. 4 Satz 1 geänd. mWv 1.1.2002 durch G v. 5.11.2001 (BGBl. I S. 2960); Abs. 1–3 neu gef. und Abs. 5 geänd. mWv 4.8.2011 durch G v. 28.7.2011 (BGBl. I S. 1622); Überschrift, Abs. 1 und 2 neu gef., Abs. 3a eingef., Abs. 4 neu gef., Abs. 5 und 6 eingef., bish. Abs. 5 wird Abs. 7 und neu gef. mWv 25.7.2017 durch G v. 17.7.2017 (BGBl. I S. 2615); Abs. 1 Nr. 7 geänd., Abs. 3 aufgeh., Abs. 4 Satz 3 geänd., Abs. 6 eingef., bish. Abs. 6 wird Abs. 7, Abs. 8 eingef., bish. Abs. 7 wird Abs. 9 und neu gef. mWv 1.1.2019 durch G v. 11.12.2018 (BGBl. I S. 2394); Abs. 1 Nr. 1 und Abs. 2 neu gef. mWv 1.3.2020 durch G v. 10.2.2020 (BGBl. I S. 148); Abs. 1 Nr. 2, Abs. 6 Sätze 1, 2 und Satz 3 Nr. 1 und Abs. 7 Sätze 1, 2 geänd., Abs. 8 und 9 neu gef., Abs. 10–13 angef. mWv 19.11.2020 durch G v. 18.11.2020 (BGBl. I S. 2397); Abs. 8 Satz 1 neu gef., Satz 2 geänd., Satz 3 eingef., bish. Sätze 3, 4 werden Sätze 4, 5 und geänd., Abs. 9 Satz 3 geänd., Satz 5 angef., Abs. 10 Satz 1 einl. Satzteil und Nr. 1 Buchst. a, Abs. 12, 13 geänd. mWv 31.3.2021 durch G v. 29.3. 2021 (BGBl. I S. 370); Abs. 10 Satz 1 Nr. 1a eingef., Nr. 2 einl. Satzteil, Buchst. a, b und Satz 3 geänd. mWv 1.6.2021 durch G v. 28.5.2021 (BGBl. I S. 1174); Abs. 12 neu gef. mWv 23.7.2021 durch G v. 16.7.2021 (BGBl. I S. 2947); Abs. 3, Abs. 10 Satz 1 Nr. 1a neu gef., Satz 2 geänd., Abs. 11 Satz 4 eingef., bish. Sätze 4, 5 werden Sätze 5, 6, bish. Satz 6 wird Satz 7 und geänd. mWv 15.9.2021 durch G v. 10.9.2021 (BGBl. I S. 4147).

5. sonstige Massenunterkünfte,
6. Justizvollzugsanstalten sowie
7. nicht unter § 23 Absatz 5 Satz 1 fallende ambulante Pflegedienste und Unternehmen, die den Einrichtungen nach Nummer 2 vergleichbare Dienstleistungen anbieten; Angebote zur Unterstützung im Alltag im Sinne von § 45a Absatz 1 Satz 2 des Elften Buches Sozialgesetzbuch[1] zählen nicht zu den Dienstleistungen, die mit Angeboten in Einrichtungen nach Nummer 2 vergleichbar sind.

(2) Einrichtungen und Unternehmen, bei denen die Möglichkeit besteht, dass durch Tätigkeiten am Menschen durch Blut Krankheitserreger übertragen werden, sowie Gemeinschaftseinrichtungen nach § 33 Nummer 2 können durch das Gesundheitsamt infektionshygienisch überwacht werden.

(3) [1] Sofern der Deutsche Bundestag nach § 5 Absatz 1 Satz 1 eine epidemische Lage von nationaler Tragweite festgestellt hat und soweit dies zur Verhinderung der Verbreitung der Coronavirus-Krankheit-2019 (COVID-19) erforderlich ist, darf der Arbeitgeber in den in den Absätzen 1 und 2 genannten Einrichtungen und Unternehmen personenbezogene Daten eines Beschäftigten über dessen Impf- und Serostatus in Bezug auf die Coronavirus-Krankheit-2019 (COVID-19) verarbeiten, um über die Begründung eines Beschäftigungsverhältnisses oder über die Art und Weise einer Beschäftigung zu entscheiden. [2] Im Übrigen gelten die Bestimmungen des allgemeinen Datenschutzrechts.

(3a) Die Leiter von in Absatz 1 Nummer 2 bis 6 genannten Einrichtungen haben das Gesundheitsamt, in dessen Bezirk sich die Einrichtung befindet, unverzüglich zu benachrichtigen und die nach diesem Gesetz erforderlichen krankheits- und personenbezogenen Angaben zu machen, wenn eine in der Einrichtung tätige oder untergebrachte Person an Skabies erkrankt ist oder bei ihr der Verdacht besteht, dass sie an Skabies erkrankt ist.

(4) [1] Personen, die in eine Einrichtung nach Absatz 1 Nummer 2 bis 4 aufgenommen werden sollen, haben der Leitung der Einrichtung vor oder unverzüglich nach ihrer Aufnahme ein ärztliches Zeugnis darüber vorzulegen, dass bei ihnen keine Anhaltspunkte für das Vorliegen einer ansteckungsfähigen Lungentuberkulose vorhanden sind. [2] Bei der erstmaligen Aufnahme darf die Erhebung der Befunde, die dem ärztlichen Zeugnis zugrunde liegt, nicht länger als sechs Monate zurückliegen, bei einer erneuten Aufnahme darf sie nicht länger als zwölf Monate zurückliegen. [3] Bei Personen, die in eine Einrichtung nach Absatz 1 Nummer 4 aufgenommen werden sollen, muss sich das Zeugnis auf eine im Geltungsbereich dieses Gesetzes erstellte Röntgenaufnahme der Lunge oder auf andere von der obersten Landesgesundheitsbehörde oder der von ihr bestimmten Stelle zugelassene Befunde stützen. [4] Bei Personen, die das 15. Lebensjahr noch nicht vollendet haben, sowie bei Schwangeren ist von der Röntgenaufnahme abzusehen; stattdessen ist ein ärztliches Zeugnis vorzulegen, dass nach sonstigen Befunden eine ansteckungsfähige Lungentuberkulose nicht zu befürchten ist. [5] § 34 Absatz 4 gilt entsprechend. [6] Satz 1 gilt nicht für Obdachlose, die weniger als drei Tage in eine Einrichtung nach Absatz 1 Nummer 3 aufgenommen werden.

(5) [1] Personen, die in eine Einrichtung nach Absatz 1 Nummer 4 aufgenommen werden sollen, sind verpflichtet, eine ärztliche Untersuchung auf Aus-

---

[1] **Aichberger Nr. 11.**

schluss einer ansteckungsfähigen Lungentuberkulose einschließlich einer Röntgenaufnahme der Atmungsorgane zu dulden. [2]Dies gilt nicht, wenn die betroffenen Personen ein ärztliches Zeugnis nach Absatz 4 vorlegen oder unmittelbar vor ihrer Aufnahme in einer anderen Einrichtung nach Absatz 1 Nummer 4 untergebracht waren und die entsprechenden Untersuchungen bereits dort durchgeführt wurden. [3]Personen, die in eine Justizvollzugsanstalt aufgenommen werden, sind verpflichtet, eine ärztliche Untersuchung auf übertragbare Krankheiten einschließlich einer Röntgenaufnahme der Lunge zu dulden. [4]Für Untersuchungen nach den Sätzen 1 und 3 gilt Absatz 4 Satz 4 entsprechend. [5]Widerspruch und Anfechtungsklage gegen Anordnungen nach den Sätzen 1 und 3 haben keine aufschiebende Wirkung.

(6) [1]Die Landesregierungen werden ermächtigt, durch Rechtsverordnung festzulegen, dass Personen, die nach dem 31. Dezember 2018 in die Bundesrepublik Deutschland eingereist sind und die auf Grund ihrer Herkunft oder ihrer Lebenssituation wahrscheinlich einem erhöhten Infektionsrisiko für bestimmte bedrohliche übertragbare Krankheiten ausgesetzt waren, nach ihrer Einreise ein ärztliches Zeugnis darüber vorzulegen haben, dass bei ihnen keine Anhaltspunkte für das Vorliegen solcher bedrohlicher übertragbarer Krankheiten vorhanden sind, sofern dies zum Schutz der Bevölkerung vor einer Gefährdung durch bedrohliche übertragbare Krankheiten erforderlich ist; § 34 Absatz 4 gilt entsprechend. [2]Personen, die kein auf Grund der Rechtsverordnung erforderliches ärztliches Zeugnis vorlegen, sind verpflichtet, eine ärztliche Untersuchung auf Ausschluss bedrohlicher übertragbarer Krankheiten im Sinne des Satzes 1 zu dulden; Absatz 5 Satz 5 gilt entsprechend. [3]In der Rechtsverordnung nach Satz 1 ist zu bestimmen:

1. das jeweils zugrunde liegende erhöhte Infektionsrisiko im Hinblick auf bestimmte bedrohliche übertragbare Krankheiten,
2. die jeweils betroffenen Personengruppen unter Berücksichtigung ihrer Herkunft oder ihrer Lebenssituation,
3. Anforderungen an das ärztliche Zeugnis nach Satz 1 und zu der ärztlichen Untersuchung nach Satz 2 sowie
4. die Frist, innerhalb der das ärztliche Zeugnis nach der Einreise in die Bundesrepublik Deutschland vorzulegen ist.

[4]Das Robert Koch-Institut kann zu den Einzelheiten nach Satz 3 Nummer 1 Empfehlungen abgeben. [5]Die Landesregierungen können die Ermächtigung nach Satz 1 durch Rechtsverordnung auf andere Stellen übertragen.

(7) [1]Das Bundesministerium für Gesundheit wird ermächtigt, durch Rechtsverordnung mit Zustimmung des Bundesrates festzulegen, dass Personen, die in die Bundesrepublik Deutschland einreisen wollen oder eingereist sind und die wahrscheinlich einem erhöhten Infektionsrisiko für eine bestimmte bedrohliche übertragbare Krankheit ausgesetzt waren, vor oder nach ihrer Einreise ein ärztliches Zeugnis darüber vorzulegen haben, dass bei ihnen keine Anhaltspunkte für das Vorliegen einer solchen bedrohlichen übertragbaren Krankheit vorhanden sind, sofern dies zum Schutz der Bevölkerung vor einer Gefährdung durch bedrohliche übertragbare Krankheiten erforderlich ist; § 34 Absatz 4 gilt entsprechend. [2]Personen, die kein auf Grund der Rechtsverordnung erforderliches ärztliches Zeugnis vorlegen, sind verpflichtet, eine ärztliche Untersuchung auf Ausschluss einer bedrohlichen übertragbaren Krankheit im Sinne des Satzes 1 zu dulden; Absatz 5 Satz 5 gilt entsprechend. [3]In der Rechtsverordnung

können nähere Einzelheiten insbesondere zu den betroffenen Personengruppen und zu den Anforderungen an das ärztliche Zeugnis nach Satz 1 und zu der ärztlichen Untersuchung nach Satz 2 bestimmt werden. [4]Das Robert Koch-Institut kann zu den Einzelheiten nach Satz 3 Empfehlungen abgeben. [5]In dringenden Fällen kann zum Schutz der Bevölkerung die Rechtsverordnung ohne Zustimmung des Bundesrates erlassen werden. [6]Eine auf der Grundlage des Satzes 5 erlassene Verordnung tritt ein Jahr nach ihrem Inkrafttreten außer Kraft; ihre Geltungsdauer kann mit Zustimmung des Bundesrates verlängert werden.

(8) [1]Die Bundesregierung wird, sofern der Deutsche Bundestag nach § 5 Absatz 1 Satz 1 eine epidemische Lage von nationaler Tragweite festgestellt hat, ermächtigt, durch Rechtsverordnung ohne Zustimmung des Bundesrates festzulegen, dass Personen, die in die Bundesrepublik Deutschland einreisen wollen oder eingereist sind und bei denen die Möglichkeit besteht, dass sie einem erhöhten Infektionsrisiko für die Krankheit ausgesetzt waren, die zur Feststellung der epidemischen Lage von nationaler Tragweite geführt hat, insbesondere, weil sie sich in einem entsprechenden Risikogebiet aufgehalten haben, ausschließlich zur Feststellung und Verhinderung der Verbreitung dieser Krankheit verpflichtet sind,

1. sich unverzüglich nach der Einreise für einen bestimmten Zeitraum in geeigneter Weise auf eigene Kosten abzusondern sowie
2. der zuständigen Behörde durch Nutzung des vom Robert Koch-Institut nach Absatz 9 eingerichteten elektronischen Melde- und Informationssystems folgende Angaben mitzuteilen:
   a) ihre personenbezogenen Angaben,
   b) das Datum ihrer voraussichtlichen Einreise,
   c) ihre Aufenthaltsorte bis zu zehn Tage vor und nach der Einreise,
   d) das für die Einreise genutzte Reisemittel und vorliegende Informationen zum Sitzplatz,
   e) Angaben, ob eine Impfdokumentation hinsichtlich der Krankheit vorliegt, die zur Feststellung der epidemischen Lage von nationaler Tragweite geführt hat,
   f) Angaben, ob ein ärztliches Zeugnis oder ein Testergebnis hinsichtlich des Nichtvorliegens der Krankheit vorliegt, die zur Feststellung der epidemischen Lage von nationaler Tragweite geführt hat, und
   g) Angaben, ob bei ihr Anhaltspunkte für die Krankheit vorliegen, die zur Feststellung der epidemischen Lage von nationaler Tragweite geführt hat;

in der Rechtsverordnung kann auch festgelegt werden, dass eine Impfdokumentation im Sinne des Buchstabens e oder ein ärztliches Zeugnis oder ein Testergebnis im Sinne des Buchstabens f über das nach Absatz 9 eingerichtete Melde- und Informationssystem der zuständigen Behörde zu übermitteln sind. [2]In der Rechtsverordnung ist auch zu bestimmen, in welchen Fällen Ausnahmen von den Verpflichtungen nach Satz 1 bestehen. [3]Personen nach Satz 1 können einer Beobachtung nach § 29 unterworfen werden, auch wenn die in § 29 Absatz 1 genannten Voraussetzungen nicht vorliegen. [4]Es kann festgelegt werden, in welchen Fällen anstelle der Nutzung des vom Robert Koch-Institut nach Absatz 9 eingerichteten elektronischen Melde- und Informationssystems eine schriftliche Ersatzmitteilung gegenüber der zuständigen Behörde vormer 1 stichprobenhaft von den in der Rechtsverordnung nach Absatz 8 Satz 1 genannten Personen verlangen, dass sie ihnen die in Absatz 10 Satz 1 Nummer 1 Buchstabe a bis c genannten Nachweise oder Dokumente vorlegen oder ihnen Auskunft nach Absatz 10 Satz 1 Nummer 1 Buchstabe d erteilen. [2] Die unterstützenden Behörden nach Absatz 10 Satz 1 Nummer 1 unterrichten bei Kenntnis unverzüglich die zuständigen Behörden über die Einreise der in der Rechtsverordnung nach Absatz 8 Satz 1 genannten Personen, soweit diese ihren den unterstützenden Behörden gegenüber bestehenden in der Rechtsverordnung nach Absatz 10 Satz 1 Nummer 1 festgelegten Verpflichtungen bei der Einreise nicht nachkommen. [3] Zu diesem Zweck dürfen bei den in der Rechtsverordnung nach Absatz 8 Satz 1 genannten Personen ihre personenbezogenen Angaben, Angaben zu ihren Aufenthaltsorten bis zu zehn Tage vor und nach der Einreise und Angaben zu dem von ihnen genutzten Reisemittel erhoben und der zuständigen Behörde übermittelt werden. [4] Die Sätze 1 bis 3 gelten in Bezug auf die in der Rechtsverordnung nach Absatz 10 Satz 1 Nummer 1a genannten Personen mit den Maßgaben entsprechend, dass nur die in Absatz 10 Satz 1 Nummer 1a genannten Nachweise oder Dokumente vorgelegt werden müssen und nur die personenbezogenen Angaben erhoben und übermittelt werden dürfen. [5] Die nach § 71 Absatz 1 Satz 1 des Aufenthaltsgesetzes[1)] zuständigen Behörden und die unterstützenden Behörden nach Absatz 10 Satz 1 Nummer 1 unterrichten bei Kenntnis unverzüglich die zuständigen Behörden über die Einreise der in der Rechtsverordnung nach Absatz 6 Satz 1 oder nach Absatz 7 Satz 1 genannten Personen. [6] Zu diesem Zweck dürfen bei diesen Personen ihre personenbezogenen Angaben erhoben und der zuständigen Behörde übermittelt werden. [7] Die von den Behörden nach den Sätzen 1, 3, 4 und 6 erhobenen Daten dürfen mit den Daten vorgelegter Reisedokumente abgeglichen werden.

(12) [1] Eine aufgrund des Absatzes 8 Satz 1 oder des Absatzes 10 Satz 1 erlassene Rechtsverordnung tritt spätestens ein Jahr nach der Aufhebung der Feststellung der epidemischen Lage von nationaler Tragweite durch den Deutschen Bundestag nach § 5 Absatz 1 Satz 2 außer Kraft. [2] Bis zu ihrem Außerkrafttreten kann eine aufgrund des Absatzes 8 Satz 1 oder des Absatzes 10 Satz 1 erlassene Rechtsverordnung auch nach Aufhebung der epidemischen Lage von nationaler Tragweite geändert werden.

(13) Durch die Absätze 4 bis 8 und 10 werden die Grundrechte der körperlichen Unversehrtheit (Artikel 2 Absatz 2 Satz 1 des Grundgesetzes[2)]), der Freiheit der Person (Artikel 2 Absatz 2 Satz 2 des Grundgesetzes), der Freizügigkeit der Person (Artikel 11 Absatz 1 des Grundgesetzes) und der Unverletzlichkeit der Wohnung (Artikel 13 Absatz 1 des Grundgesetzes) eingeschränkt.

---

[1)] **Sartorius Nr. 565.**
[2)] **Sartorius Nr. 1.**

## 7. Abschnitt. Wasser

**§ 37[1) 2)] Beschaffenheit von Wasser für den menschlichen Gebrauch sowie von Wasser zum Schwimmen oder Baden in Becken oder Teichen, Überwachung.** (1) Wasser für den menschlichen Gebrauch muss so beschaffen sein, dass durch seinen Genuss oder Gebrauch eine Schädigung der menschlichen Gesundheit, insbesondere durch Krankheitserreger, nicht zu besorgen ist.

(2) [1] Wasser, das in Gewerbebetrieben, öffentlichen Bädern sowie in sonstigen nicht ausschließlich privat genutzten Einrichtungen zum Schwimmen oder Baden bereitgestellt wird

1. in Schwimm- oder Badebecken oder
2. in Schwimm- oder Badeteichen, die nicht Badegewässer im Sinne der Richtlinie 2006/7/EG des Europäischen Parlaments und des Rates vom 15. Februar 2006 über die Qualität der Badegewässer und deren Bewirtschaftung und zur Aufhebung der Richtlinie 76/160/EWG (ABl. L 64 vom 4.3.2006, S. 37; L 359 vom 29.12.2012, S. 77), die zuletzt durch die Richtlinie 2013/64/EU (ABl. L 353 vom 28.12.2013, S. 8) geändert worden ist, sind,

muss so beschaffen sein, dass durch seinen Gebrauch eine Schädigung der menschlichen Gesundheit, insbesondere durch Krankheitserreger, nicht zu besorgen ist. [2] Bei Schwimm- oder Badebecken muss die Aufbereitung des Wassers eine Desinfektion einschließen. [3] Bei Schwimm- oder Badeteichen hat die Aufbereitung des Wassers durch biologische und mechanische Verfahren, die mindestens den allgemein anerkannten Regeln der Technik entsprechen, zu erfolgen.

(3) Wassergewinnungs- und Wasserversorgungsanlagen, Schwimm- oder Badebecken und Schwimm- oder Badeteiche einschließlich ihrer Wasseraufbereitungsanlagen unterliegen hinsichtlich der in den Absätzen 1 und 2 genannten Anforderungen der Überwachung durch das Gesundheitsamt.

**§ 38[1) 3)] Erlass von Rechtsverordnungen.** (1) [1] Das Bundesministerium für Gesundheit bestimmt durch Rechtsverordnung[4)] mit Zustimmung des Bundesrates,

1. welchen Anforderungen das Wasser für den menschlichen Gebrauch entsprechen muss, um der Vorschrift von § 37 Abs. 1 zu genügen,

---

[1)] §§ 37, 38 traten gem. Art. 5 Abs. 2 des G v. 20.7.2000 (BGBl. I S. 1045) bereits **mWv 26.7.2000** in Kraft.

[2)] § 37 Überschrift geänd., Abs. 2 neu gef., Abs. 3 Satz 1 geänd. mWv 25.7.2017 durch G v. 17.7. 2017 (BGBl. I S. 2615); Abs. 3 Sätze 2 und 3 aufgeh. mWv 1.1.2019 durch G v. 11.12.2018 (BGBl. I S. 2394).

[3)] § 38 Abs. 1 und 2 jeweils Satz 1 einl. Satzteil geänd. mWv 28.11.2003 durch VO v. 25.11.2003 (BGBl. I S. 2304); Abs. 1 Satz 1 Nr. 4 geänd. mWv 7.9.2005 durch G v. 1.9.2005 (BGBl. I S. 2618); Abs. 1 und 2 jeweils Satz 1 einl. Satzteil geänd. mWv 8.11.2006 durch VO v. 31.10.2006 (BGBl. I S. 2407); Abs. 1 Satz 1 Nr. 4 neu gef., Sätze 3 bis 5 eingef., bish. Satz 3 wird Satz 6, Abs. 2 Satz 2 Halbs. 2 aufgeh., Satz 4 und Abs. 3 neu gef. mWv 23.7.2009 durch G v. 17.7.2009 (BGBl. I S. 1990); Abs. 3 Satz 1 geänd. mWv 15.8.2013 durch G v. 7.8.2013 (BGBl. I S. 3154); Abs. 1 Satz 6 und Abs. 3 Satz 2 geänd. mWv 8.9.2015 durch VO v. 31.8.2015 (BGBl. I S. 1474); Abs. 3 aufgeh. mWv 1.10. 2021 durch G v. 18.7.2016 (BGBl. I S. 1666; geänd. durch G v. 17.7.2017, BGBl. I S. 2615); Abs. 2 Satz 1 Nr. 2, 3, 5 und Satz 2 geänd., Sätze 3 und 4 aufgeh. mWv 25.7.2017 durch G v. 17.7.2017 →

2. dass und wie die Wassergewinnungs- und Wasserversorgungsanlagen und das Wasser in hygienischer Hinsicht zu überwachen sind,
3. welche Handlungs-, Unterlassungs-, Mitwirkungs- und Duldungspflichten dem Unternehmer oder sonstigen Inhaber einer Wassergewinnungs- oder Wasserversorgungsanlage im Sinne der Nummern 1 und 2 obliegen, welche Wasseruntersuchungen dieser durchführen oder durchführen lassen muss und in welchen Zeitabständen diese vorzunehmen sind,
4. die Anforderungen an Stoffe, Verfahren und Materialien bei der Gewinnung, Aufbereitung oder Verteilung des Wassers für den menschlichen Gebrauch, soweit diese nicht den Vorschriften des Lebensmittel- und Futtermittelgesetzbuches unterliegen, und insbesondere, dass nur Aufbereitungsstoffe und Desinfektionsverfahren verwendet werden dürfen, die hinreichend wirksam sind und keine vermeidbaren oder unvertretbaren Auswirkungen auf Gesundheit und Umwelt haben,
5. in welchen Fällen das Wasser für den menschlichen Gebrauch, das den Anforderungen nach den Nummern 1 oder 4 nicht entspricht, nicht oder nur eingeschränkt abgegeben oder anderen nicht oder nur eingeschränkt zur Verfügung gestellt werden darf,
6. dass und wie die Bevölkerung über die Beschaffenheit des Wassers für den menschlichen Gebrauch und über etwaige zu treffende Maßnahmen zu informieren ist,
7. dass und wie Angaben über die Gewinnung und die Beschaffenheit des Wassers für den menschlichen Gebrauch einschließlich personenbezogener Daten, soweit diese für die Erfassung und die Überwachung der Wasserqualität und der Wasserversorgung erforderlich sind, zu übermitteln sind und
8. die Anforderungen an die Untersuchungsstellen, die das Wasser für den menschlichen Gebrauch analysieren.

*(Fortsetzung nächstes Blatt)*

---

*(Fortsetzung der Anm. von voriger Seite)*
(BGBl. I S. 2615); Abs. 1 Satz 6, Abs. 3 Satz 2 geänd. mWv 27.6.2020 durch VO v. 19.6.2020 (BGBl. I S. 1328).

[4] Siehe die TrinkwasserVO idF der Bek. v. 10.3.2016 (BGBl. I S. 459), zuletzt geänd. durch VO v. 22.9.2021 (BGBl. I S. 4343).

²Soweit ein anderer Kostenträger zur Kostentragung verpflichtet ist oder solange dies noch nicht feststeht, können die entsprechenden Kosten vorläufig aus öffentlichen Mitteln bestritten werden. ³Der andere Kostenträger ist zur Erstattung der Kosten verpflichtet.

(2) Wer die öffentlichen Mittel aufzubringen hat, bleibt, soweit nicht bundesgesetzlich geregelt, der Regelung durch die Länder vorbehalten.[1)]

(3) ¹Für aus öffentlichen Mitteln zu bestreitende Kosten der Quarantänemaßnahmen nach § 30 ist der Kostenträger zuständig, in dessen Bezirk die von der Maßnahme betroffene Person zum Zeitpunkt der Anordnung der Maßnahme ihren gewöhnlichen Aufenthalt hat oder zuletzt hatte. ²Falls ein gewöhnlicher Aufenthaltsort nicht feststellbar ist, werden die Kosten vorläufig von dem Kostenträger übernommen, in dessen Bezirk die Maßnahme angeordnet wird. ³Der zuständige Kostenträger ist im Fall des Satzes 2 zur Erstattung verpflichtet. ⁴Satz 1 gilt nicht, soweit die Länder abweichende Vereinbarungen treffen.

**§§ 70–72**[2)] *(aufgehoben)*

## 14. Abschnitt.[3)] Straf- und Bußgeldvorschriften

**§ 73**[4)] **Bußgeldvorschriften.** (1) *(aufgehoben)*

(1a) Ordnungswidrig handelt, wer vorsätzlich oder fahrlässig

1. einer vollziehbaren Anordnung nach § 5 Absatz 2 Satz 1 Nummer 6 Buchstabe b zuwiderhandelt,
2. entgegen § 6 oder § 7, jeweils auch in Verbindung mit § 14 Absatz 8 Satz 2, 3, 4 oder 5 oder einer Rechtsverordnung nach § 15 Absatz 1 oder 3, eine Meldung nicht, nicht richtig, nicht vollständig, nicht in der vorgeschriebenen Weise oder nicht rechtzeitig macht,
3. entgegen § 15a Absatz 2 Satz 1, § 16 Absatz 2 Satz 3, auch in Verbindung mit § 25 Absatz 2 Satz 1 oder 2 zweiter Halbsatz oder einer Rechtsver-

---

1) Über die Tragung der Kosten durch die Länder siehe ua:
– **Nordrhein-Westfalen:** IfSG-KostenregelungsG v. 5.12.2000 (GV. NRW. S. 756)
– **Schleswig-Holstein:** Kostenträger-InfektionsschutzG v. 11.12.2001 (GVOBl. Schl.-H. S. 364)
– **Thüringen:** Infektionsschutz-KostenträgerG v. 18.12.2002 (GVBl. S. 483).

2) 14. Abschnitt (§§ 70–72) aufgeh. mWv 23.5.2020 durch G v. 19.5.2020 (BGBl. I S. 1018).

3) 14. Abschnitt (§§ 70–72) aufgeh., bish. 15. Abschnitt wird 14. Abschnitt und Überschrift neu gef. mWv 23.5.2020 durch G v. 19.5.2020 (BGBl. I S. 1018).

4) § 73 Abs. 1 Nr. 9 neu gef., Nr. 9a und 9b eingef., Nr. 10 geänd., Nr. 10a eingef., Nr. 24 und Abs. 2 geänd. mWv 4.8.2011 durch G v. 28.7.2011 (BGBl. I S. 1622); Abs. 1 Nr. 3–6 und Nr. 11 geänd. mWv 29.3.2013 durch G v. 21.3.2013 (BGBl. I S. 566); Abs. 1 Nr. 11a und 17a eingef., Abs. 2 geänd. mWv 25.7.2015 durch G v. 17.7.2015 (BGBl. I S. 1368); Abs. 1 eingef., bish. Abs. 1 wird Abs. 1a und Nr. 1 neu gef., Nr. 2 aufgeh., Nr. 13 geänd., Nr. 16a eingef., Nr. 17 und 19 geänd., Nr. 22a eingef., Nr. 24 und Abs. 2 geänd. mWv 25.7.2017 durch G v. 17.7.2017 (BGBl. I S. 2615); Abs. 1a Nr. 3 bis 5 neu gef., Nr. 19 geänd. mWv 1.1.2019 durch G v. 11.12.2018 (BGBl. I S. 2394); Abs. 1a Nr. 7a–7d eingef., Abs. 2 geänd. mWv 1.3.2020 durch G v. 10.2.2020 (BGBl. I S. 148); Abs. 1a Nr. 1 eingef., bish. Nr. 1 wird Nr. 2, Nr. 24 geänd. mWv 28.3.2020 durch G v. 27.3.2020 (BGBl. I S. 587); Abs. 1a Nr. 1, 6 und 24 geänd. mWv 23.5.2020 durch G v. 19.5.2020 (BGBl. I S. 1018); Abs. 1a Nr. 1, 2 geänd., Nr. 8 aufgeh., Nr. 19 neu gef., Nr. 24 geänd. mWv 19.11.2020 durch G v. 18.11.2020 (BGBl. I S. 2397); Abs. 1 aufgeh., Abs. 1a Nr. 8 neu gef., Nr. 22b eingef., Nr. 24 geänd. mWv 31.3.2021 durch G v. 29.3.2021 (BGBl. I S. 370); Abs. 1a Nr. 11b–11m eingef., Nr. 24 geänd. mWv 23.4.2021 durch G v. 22.4.2021 (BGBl. I S. 802); Abs. 1a Nr. 24 geänd. mWv 15.9.2021 durch G v. 10.9.2021 (BGBl. I S. 4147).

ordnung nach § 17 Absatz 4 Satz 1, oder entgegen § 29 Absatz 2 Satz 3, auch in Verbindung mit einer Rechtsverordnung nach § 32 Satz 1, eine Auskunft nicht, nicht richtig, nicht vollständig oder nicht rechtzeitig erteilt,

4. entgegen § 15a Absatz 2 Satz 1, § 16 Absatz 2 Satz 3, auch in Verbindung mit § 25 Absatz 2 Satz 1 oder 2 zweiter Halbsatz oder einer Rechtsverordnung nach § 17 Absatz 4 Satz 1, eine Unterlage nicht, nicht richtig, nicht vollständig oder nicht rechtzeitig vorlegt,

5. entgegen § 15a Absatz 3 Satz 2, § 16 Absatz 2 Satz 2, auch in Verbindung mit § 25 Absatz 2 Satz 1 oder einer Rechtsverordnung nach § 17 Absatz 4 Satz 1, oder entgegen § 51 Satz 2 ein Grundstück, einen Raum, eine Anlage, eine Einrichtung, ein Verkehrsmittel oder einen sonstigen Gegenstand nicht zugänglich macht,

6. einer vollziehbaren Anordnung nach § 17 Abs. 1, auch in Verbindung mit einer Rechtsverordnung nach Abs. 4 Satz 1, § 17 Abs. 3 Satz 1, § 25 Absatz 3 Satz 1 oder 2, auch in Verbindung mit § 29 Abs. 2 Satz 2, dieser auch in Verbindung mit einer Rechtsverordnung nach § 32 Satz 1, § 25 Absatz 4 Satz 2, § 28 Absatz 1 Satz 1 oder Satz 2, § 30 Absatz 1 Satz 2 oder § 31, jeweils auch in Verbindung mit einer Rechtsverordnung nach § 32 Satz 1, oder § 34 Abs. 8 oder 9 zuwiderhandelt,

7. entgegen § 18 Abs. 1 Satz 1 ein Mittel oder ein Verfahren anwendet,

7a. entgegen § 20 Absatz 9 Satz 4 Nummer 1, auch in Verbindung mit Absatz 10 Satz 2 oder Absatz 11 Satz 2 eine Benachrichtigung nicht, nicht richtig, nicht vollständig oder nicht rechtzeitig vornimmt,

7b. entgegen § 20 Absatz 9 Satz 6 oder Satz 7 eine Person betreut oder beschäftigt oder in einer dort genannten Einrichtung tätig wird,

7c. entgegen § 20 Absatz 12 Satz 1, auch in Verbindung mit § 20 Absatz 13 Satz 1 oder Satz 2, einen Nachweis nicht, nicht richtig, nicht vollständig oder nicht rechtzeitig vorlegt,

7d. einer vollziehbaren Anordnung nach § 20 Absatz 12 Satz 3, auch in Verbindung mit § 20 Absatz 13 Satz 1 oder Satz 2, zuwiderhandelt,

8. entgegen § 22 Absatz 1 eine Schutzimpfung nicht, nicht richtig, nicht vollständig oder nicht rechtzeitig dokumentiert,

9. entgegen § 23 Absatz 4 Satz 1 nicht sicherstellt, dass die dort genannten Infektionen und das Auftreten von Krankheitserregern aufgezeichnet oder die Präventionsmaßnahmen mitgeteilt oder umgesetzt werden,

9a. entgegen § 23 Absatz 4 Satz 2 nicht sicherstellt, dass die dort genannten Daten aufgezeichnet oder die Anpassungen mitgeteilt oder umgesetzt werden,

9b. entgegen § 23 Absatz 4 Satz 3 eine Aufzeichnung nicht oder nicht mindestens zehn Jahre aufbewahrt,

10. entgegen § 23 Absatz 4 Satz 4 Einsicht nicht gewährt,

10a. entgegen § 23 Absatz 5 Satz 1, auch in Verbindung mit einer Rechtsverordnung nach § 23 Absatz 5 Satz 2, nicht sicherstellt, dass die dort genannten Verfahrensweisen festgelegt sind,

11. entgegen § 25 Absatz 4 Satz 1 eine Untersuchung nicht gestattet,

11a. einer vollziehbaren Anordnung nach § 28 Absatz 2, auch in Verbindung mit einer Rechtsverordnung nach § 32 Satz 1, zuwiderhandelt,